Victor Lipperheide

Thomas von Aquino und die platonische Ideenlehre eine kritische Abhandlung

Victor Lipperheide

Thomas von Aquino und die platonische Ideenlehre eine kritische Abhandlung

ISBN/EAN: 9783744682640

Hergestellt in Europa, USA, Kanada, Australien, Japan

Cover: Foto ©ninafisch / pixelio.de

Weitere Bücher finden Sie auf **www.hansebooks.com**

THOMAS VON AQUINO

UND

DIE PLATONISCHE IDEENLEHRE.

Eine kritische Abhandlung

von

Dr. Victor Lipperheide.

M. RIEGER'sche
Universitäts- Buchhandlung.
Gustav Himmer, k. b. Hoflieferant.

München 1890.

Inhalt.

	Seite
Einleitung	1
Erstes Kapitel. Die Genesis der Platonischen Ideenlehre nach Thomas	3
Zweites Kapitel. Drei Beweise Platos für das Dasein von Ideen nach Thomas	6
Drittes Kapitel. Kritische Beurtheilung dieser Beweise seitens des hl. Thomas	8
Viertes Kapitel. Uebergang zu der Ideenlehre des hl. Thomas	25
Fünftes Kapitel. Begriff und Dasein der Ideen	36
Sechstes Kapitel. Vielheit der Ideen	42
Siebentes Kapitel. Unterschied der Idee von dem abstracten Begriff	46
Achtes Kapitel. Die Wirkungsweise der Ideen	57
Neuntes Kapitel. Die Ideen als die Erkenntnissprincipien	84
Zehntes Kapitel. Bestimmungen der Dinge, von welchen gesonderte Ideen angenommen werden müssen	103
Elftes Kapitel. Uebereinstimmung des Thomas mit Aristoteles in der Auffassung der Platonischen Ideenlehre	111
Schlusswort	131

Dass von den heidnischen Weisen keiner dem Christenthume so nahe gekommen wie Plato, dass er in Gott die Gründe aller Dinge, den Ursprung des Wissens und die Norm des sittlichen Handelns gefunden, dass er den Menschen durch das Erhabene in ihm in Verkehr mit dem einen, wahren und besten Gotte gesetzt habe, ohne den kein Ding bestehe, kein Wissen erleuchte, kein Thun fromme — das ist es, was der hl. Augustinus an dem attischen Philosophen zu rühmen nicht müde wird [1]. In dieser Deutung ging die Lehre Platos in das christliche Mittelalter über, wo sie wegen ihrer Uebereinstimmung mit dem katholischen Glauben mit begeisterter Bewunderung und unbedingter Beistimmung aufgenommen wurde [2]. Als nun im dreizehnten Jahrhundert die uns erhaltenen Werke des Aristoteles in lateinischer Uebertragung dem Abendlande zugänglich wurden, kam auch seine Polemik gegen die Platonischen Ideen zur Kenntniss. So gross immerhin die Verehrung war, welche dem Geiste des Stagiriten gezollt wurde, seine gegen die Ideen anstürmende Gesinnung blieb nicht ohne Widerstand. Viele Männer der Schule nahmen nicht bloss Anstoss daran, dass er Plato seines bis dahin genossenen Ruhmes zu entkleiden drohte, sondern sie sahen in seinen destructiven

---

[1] Aug. de civ. Dei l. VIII. c. 4. et 5.
[2] Vgl. Petri Abaelardi Theolog. christ. (b. Martene, Thes. n. an. ed. t. V.) p. 1191 „Pluribus quoque sanctorum testimoniis didicimus Platonicam sectam catholicae fidei concordare. Unde non sine causa maximus Plato philosophorum prae caeteris commendatur ab omnibus, non solum a peritis saecularium artium, verum etiam a sanctis." 1192. „Cum itaque in omni doctrina philosophiae Platonica secta enituerit etc." p. 1336. „Ad hunc modum Plato formas exemplares in mente divina considerat, quas ideas appellat, et ad quas postmodum quasi ad exemplar quoddam summi artificis providentia operata est."

Dass von den heidnischen Weisen keiner dem Christenthume so nahe gekommen wie Plato, dass er in Gott die Gründe aller Dinge, den Ursprung des Wissens und die Norm des sittlichen Handelns gefunden, dass er den Menschen durch das Erhabene in ihm in Verkehr mit dem einen, wahren und besten Gotte gesetzt habe, ohne den kein Ding bestehe, kein Wissen erleuchte, kein Thun fromme — das ist es, was der hl. Augustinus an dem attischen Philosophen zu rühmen nicht müde wird [1]). In dieser Deutung ging die Lehre Platos in das christliche Mittelalter über, wo sie wegen ihrer Uebereinstimmung mit dem katholischen Glauben mit begeisterter Bewunderung und unbedingter Beistimmung aufgenommen wurde [2]). Als nun im dreizehnten Jahrhundert die uns erhaltenen Werke des Aristoteles in lateinischer Uebertragung dem Abendlande zugänglich wurden, kam auch seine Polemik gegen die Platonischen Ideen zur Kenntniss. So gross immerhin die Verehrung war, welche dem Geiste des Stagiriten gezollt wurde, seine gegen die Ideen anstürmende Gesinnung blieb nicht ohne Widerstand. Viele Männer der Schule nahmen nicht bloss Anstoss daran, dass er Plato seines bis dahin genossenen Ruhmes zu entkleiden drohte, sondern sie sahen in seinen destructiven

---

[1]) Aug. de civ. Dei l. VIII. c. 4. et 5.
[2]) Vgl. Petri Abaelardi Theolog. christ. (b. Martene, Thes. n. an. ed. t. V.) p. 1191 „Pluribus quoque sanctorum testimoniis didicimus Platonicam sectam catholicae fidei concordare. Unde non sine causa maximus Plato philosophorum prae caeteris commendatur ab omnibus, non solum a peritis saecularium artium, verum etiam a sanctis." 1192. „Cum itaque in omni doctrina philosophiae Platonica secta enituerit etc." p. 1336. „Ad hunc modum Plato formas exemplares in mente divina considerat, quas ideas appellat, et ad quas postmodum quasi ad exemplar quoddam summi artificis providentia operata est."

Argumenten auch Angriffe auf die Satzungen von den göttlichen Ideen. Um so weniger glaubten sie in seiner Ueberlieferung der Platonischen Doctrin die Gewähr der Richtigkeit finden zu können, als auch Autoritäten wie Dionysius der vermeintliche Areopagite[1]), Boethius[2]), Eustratius[3]) und manche Väter der Kirche[4]), in dem gleichen Sinne sich über sie äusserten wie der Bischof von Hippo, ja Aussprüche Platos selbst, wie sie in seinem Dialog Timäus vorlagen, dem einzigen seiner Werke, welches damals und zwar in der Uebersetzung des Chalcidius bekannt war, liessen Aristoteles wenig glaubwürdig erscheinen[5]). Der hl. Bonaventura möge uns als Zeuge für die Gesinnung vieler seiner Zeitgenossen dienen. „Im Alterthum", sagt er, „gab es ehrwürdige Philosophen, die im Lichte der Wahrheit Gott als die Ursache und den Zweck wie auch als das Urmuster aller Dinge erkannten. Andere aber wandelten im Finstern; zwar sahen sie in Gott gleichfalls den Anfang und das Ende, aber da sie Vorbilder in ihm in Abrede stellten, nicht den Mittelpunkt der Dinge. Das Haupt dieser Philosophen war Aristoteles, welcher auf den ersten und letzten Blättern seiner Metaphysik und noch an vielen anderen Stellen die Ideen Platos verwünscht und entheiligt. Gott soll nach ihm ein Wissen bloss um sich selbst besitzen, der Kenntniss des ausser ihm Seienden nicht bedürfen, und sein Einwirken auf die Welt soll darin bestehen, dass er als der Gegenstand der

---

[1]) Opera ed. Corderius, de div. nom. c. 5. § 8.
[2]) S. S. 69 Amk. 4. — Boeth. de consol. phil. C. III. metr. 9. Vgl. Alberti Magni S. th. p. II. tr. 1. q. 4. m. 1. a. 2. n. 4 et 3. Op. om. ed. Jammy. Lugd. 1651. tom. 18. p. 42.
[3]) Arist. Moral. Nicom. cum Eustratii et aliorum explanatione a Feliciano latinitate donata. Par. 1543. l. 1. c. 6. p. 13.
[4]) S. Albert a. a. O. p. 43 n. 10.
[5]) S. Albert a. a O. p. 42. n. 5. et 6. — Duns Scot. Sent. I. d. 3. q. 4. n. 2. Oper. Lugd. 1693. tom. V. p. 1. p. 475 „Duplex est exemplar, creatum et increatum secundum Platonem in Timaeo, exemplar creatum est species universalis causata a re, exemplum increatum est idea in mente divina." Report. Paris. Sent. I d. 36. q. 2. schol. 5. n. 33. tom. XI. p. 1. p. 206. „Plato posuit mundum sensibilem extra et mundum intelligibilem in mente divina, quem vocavit ideam mundi sensibilis .. Aristoteles falso ei imponit, eas (ideas) posuisse in re extra."

Sehnsucht und Liebe die Dinge in Bewegung setzt. Was Wunder also, dass jener vorzugsweise die Ideen angreift? Doch seine Gründe vermögen nichts gegen Plato. Weil er aber in anderen Sachen das Wahre getroffen und grosse Autorität geniesst, darum sind nun Viele der Meinung, auch in der Angelegenheit Platos sage er die Wahrheit. Wir hingegen behaupten fest, das göttliche Licht sei das Urmuster aller Dinge, und namhafte Philosophen des Alterthums seien zur Erkenntniss desselben gelangt" [1]).

Zu der Reihe jener Männer, welche der Klage des Bonaventura zufolge ihr Urtheil über Plato von Aristoteles bestimmen liessen, gehört der hl. Thomas von Aquin. Nicht nur aber, dass er die Lehre Platos von den Ideen im Sinne des Fürsten der Peripatetiker wiedergiebt und bekämpft, sondern er spendet ihr auch ähnlich wie Augustinus Anerkennung und Beifall, indem er sie als autoritative Grundlage in seinen Erörterungen über die göttlichen Ideen verwerthet, wobei er sich sogar auf den Bericht des Aristoteles stützt. Die gegenwärtige Abhandlung will nun dieses bei dem ersten Anblick sich widersprechende Verfahren des englischen Lehrers ins Einzelne verfolgen und die Frage beantworten, ob dieser die beiden Gestalten, in welchen er das Platonische System übermittelt erhielt, etwa nicht gehörig von einander sonderte, oder ob und mit welcher Berechtigung er glaubte, sie in Einklang bringen zu können.

Erstes Kapitel.
Die Genesis der Platonischen Ideenlehre nach Thomas.

Ueber die Entstehung der Lehre Platos von den Ideen unterrichtet uns Thomas in Anschluss an Aristoteles und Augustinus. Da die alten Naturphilosophen, schreibt er, keine andere Erkenntnissquelle als die sinnliche Wahrnehmung und

---

[1]) In Hexaëm. Serm. 6. tom. 1. p. 29. Op. S. Bonavent. Lugd. 1668. — Vgl. Serm. 7. p. 31. — Sent. II. d. I. p. 1. a. 1. q. 1. ad 3. — Vgl. Henric. a. Gandavo. Quodl. Venet. 1613. IX. q. 15. f. 111. „Nihil omnino concludunt rationes Aristotelis contra Platonem, ut patet inspicienti eas." Th. Aq. S. th. p. III. q. 4. a. 4. ad 2 „ . . . quamvis quidam dicant, quod Plato non intellexit hominem separatum nisi in intellectu divino."

keine andere Realität als das Sinnfällige kannten, so stellten sie die Möglichkeit, über das Wesen der Dinge sich gewiss zu werden, völlig in Abrede. Wie soll es ein sicheres Wissen von den Dingen geben, fragten sie, da doch alle in einer niemals rastenden Bewegung des Werdens begriffen sind? Wie soll das, was in jedem Augenblicke ein sich erneuerndes Entstehen und Vergehen ist, mit Festigkeit ergriffen werden können? Ist es doch eher wieder entschwunden, als das Fassungsvermögen sich in seinen Besitz setzen kann, wie auch das Wasser eines strömenden Flusses, in welchen ich meine Hand tauche, schon entronnen ist, ehe ich es zum anderen male berühren könnte [1]). Wie sollen wir ferner eine richtige Einsicht in die Dinge gewinnen, da derselbe Gegenstand, je nach der augenblicklichen Beschaffenheit und Stimmung, in welcher der Wahrnehmende sich befindet, einen verschiedenen Eindruck auf die Sinne ausübt? Ein anderes Urtheil fällt der Wachende und ein anderes der Träumende, ein anderes der Gesunde und ein anderes der Kranke, gleichwohl ist das Ding, welches auf sie einwirkt und über das sie urtheilen, das nämliche. Jeder von diesen erhebt den Anspruch, die Wahrheit in irgend einem Grade ergriffen zu haben, und doch mangelt der Richterstuhl, vor welchem die Frage sich ausmachen liesse, wessen Zeugniss der Wahrheit entsprechender sei [2]). Dergleichen Erwägungen gewannen auf Sokrates einen bleibenden Einfluss, so zwar, dass er von ihnen sich bestimmen liess, die Forschung nach dem Wesen der Dinge [3]) aufzugeben und sich ganz der Moralphilosophie zuzuwenden. Hier hatte er das grosse Verdienst, auf das Allgemeine hinzuweisen und auf Begriffsbestimmungen zu drängen. Plato, sein Schüler, pflichtete zwar der Lehre von dem Flusse der Dinge und der Unzuverlässigkeit der Sinne bei, aber er brachte die Sokratische Methode auch auf dem physikalischen Gebiete

---

[1]) Th. Aq. Summa theol. p. I. q. 84. a. 1. — Vgl. desslb. Comm. in Arist. Met. IV. 1. 12. t. c. 22.

[2]) Vgl. Th. Aq. in Met. IV. 1. 11. t. c. 21.

[3]) Thomas zu Met. I. t. c. 6 Anf. giebt das περὶ τῆς ὅλης φύσεως οὐθέν unrichtig oder wenigstens ungenau mit noluit aliquid de rerum naturis perscrutari.

zur Anwendung und nahm von den Naturdingen ein Allgemeines an, das definirt werden könne, jedoch bezog er die Definition nicht auf das Sinnfällige, sondern hielt dafür, es gebe andere Dinge, welche der Gegenstand unserer begrifflichen Erkenntnisse seien und nannte diese Ideen oder das specifische Wesen (species) der sinnfälligen Dinge. Andererseits aber schrieb er dem Menschen ein über die Sinne erhabenes, von einem höheren Lichte erleuchtetes Erkenntnissvermögen zu [1]).

Nicht nur nahm Plato die Ideen und die Sinnendinge als zwei getrennte, selbständige Gattungen von Substanzen an, sondern er schob zwischen beide noch eine dritte ein, nämlich die mathematischen Grössen, Zahlen, Linien und dgl. Diese Mittelwesen sollten auf einer höheren Stufe des Daseins stehen, als die Sinnendinge, aber auf einer tieferen, als die Ideen. Von den ersteren unterschieden sie sich dadurch, dass sie ewig und unbeweglich, von den letzteren aber, dass es ihrer viele gleichartige Einzeldinge gebe, während jede Idee einzig in ihrer Art sei.

Der eigenthümliche Charakter der mathematischen Wissenschaft, erläutert Thomas diesen von Aristoteles überlieferten Lehr-

---

[1]) Th. Aq. Quaest. disp. 9. un. de spir. creat. a. 10 ad 8. Comm. in Met. I. l. 10. t. c. 6. (Arist. ed. Becker. 987 b.) — Vgl. August. de div. quaest. octoginta tribus. q. 9. „Omne quod corporeus sensus attingit, sine ulla intermissione temporis commutatur... Quod autem non manet, percipi non potest, illud enim percipitur, quod scientia comprehenditur. Comprehendi autem non potest, quod sine intermissione mutatur. Non est igitur exspectanda sinceritas veritatis a sensibus corporis.. Illud certe nemo est, qui non cogatur fateri, nihil esse sensibile, quod non habeat simile falso, ita ut internosci non possit. Nam, ut alia praetermittam, omnia, quae per corpus sentimus, etiam cum ea non adsunt sensibus, imagines tamen eorum patimur tamquam prorsus adsint vel in somno vel in furore. Quod cum patimur, omnino utrum ea ipsis sensibus sentiamus aut imagines sensibilium sint, discernere non valemus. Si igitur sunt imagines sensibilium falsae, quae discerni ipsis sensibus nequeunt et nihil percipi potest nisi quod a falso discernitur, non judicium veritatis constitutum est in sensibus. Quamobrem ... admonemur, averti ab hoc mundo, qui profecto corporeus est et sensibilis et ad Deum i. e. veritatem, quae intellectu et interiore mente capitur, quae semper manet,.. converti."

punkt, zwang Plato zur Aufstellung einer solchen Mittelklasse. Denn von der einen Seite konnte er die mathematischen Grössen nicht zu den Sinnendingen rechnen, weil die Mathematik als eine von der Bewegung absehende Wissenschaft Unbewegliches als Gegenstand ihrer Untersuchung fordert, von der anderen Seite aber musste er, wenn überhaupt mathematische Beweise möglich sein sollten, in dem Gebiete der mathematischen Grössen specifisch gleiche und numerisch verschiedene Einzelwesen annehmen. Sind nämlich zwei gleichartige Dreiecke nicht vorhanden, so ist der Beweis für ihre Congruenz unmöglich. Die Idee hingegen erheischt ein solches Verhältniss nicht, da sie nämlich nichts anderes als die specifische Natur ist, so kann sie nur je eine einzige sein[1]).

Zweites Kapitel.
Drei Beweise Platos für das Dasein von Ideen nach Thomas.

Für den Zweck unserer Abhandlung sind drei Beweise von Wichtigkeit, durch welche Plato nach dem Berichte des Aristoteles das Dasein von Ideen aufzuzeigen versuchte. Wir geben sie in der Form wieder, wie wir sie in dem Commentare des Thomas zu der Aristotelischen Metaphysik vorfinden.

1. Plato hielt die Einzeldinge wegen ihrer unendlichen Anzahl für unserem Wissen unzugänglich; so viele von ihnen wir auch ergreifen möchten, immer wäre noch ein erheblicher Rückstand vorhanden, den wir nicht ergriffen hätten. Aber das stand ihm ausser Frage, dass wir in ihrer Zurückführung auf etwas Einheitliches, das nichts anderes als ihr Allgemeines ist, ein Mittel besitzen, die Erkenntniss derselben uns anzueignen. Soll nun aber, schloss er, unser Wissen auf Wahrheit Anspruch erheben, so muss ihm etwas gegenüberliegen, das ihm vollkommen entspricht. Das thatsächliche Vorhandensein eines Wissens im Allgemeinen verbürgt uns also das Dasein von allgemeinen Wesenheiten, welche ausser den Einzeldingen existiren.

---

[1]) Th. Aq. in Met. I. l. 10.

2. Wenn auch Plato diesen Beweis im Allgemeinen für gültig ansah, so fühlte er sich wegen der Eigenthümlichkeit der Sinnendinge veranlasst, die Ideen von ihnen besonders nachzuweisen. Nicht alles nämlich, was sich unter einem Begriff vereinigen lässt, galt ihm als etwas Materielles, sondern nur die im Bereiche unserer Sinne liegenden Dinge, nicht aber die vielen gleichartigen Einzelwesen in dem mathematischen Mittleren. Das sinnfällige Einzelding nannte er ein Ineinander von Materie und Form ($\sigma \acute{v} \nu o \lambda o \nu$), eine Verbindung, welche in der Prädikation eines Begriffes von der Materie zum Ausdrucke komme, den Grund für die Aussage des Universale von den Sinnendingen fand er aber in der Theilnahme der körperlichen Materie an dem getrennt existirenden Universale, so dass die Theilnahme an der universellen Form es sei, welche das $\sigma \acute{v} \nu o \lambda o \nu$ constituire. Das gesonderte Dasein dieser universellen Form suchte er nun auf folgende Weise festzustellen. Die aus Form und Materie vereinigten Dinge können als materiell-singuläre nur von der sinnlichen Wahrnehmung, keineswegs aber von dem Intellecte erfasst werden. Wenn es nun aber ausser den Sinnendingen und ausser dem Denkacte nichts gäbe, worauf das Erkennen gerichtet ist, so würde unser Wissen des realen Grundes entbehren, von einer Wissenschaft könnte dann nicht gesprochen werden, alles wäre zwar sinnlich-wahrnehmbar, nichts aber erkennbar, es müsste denn sein, dass wir mit den Sensualisten Wissenschaft und Sinneswahrnehmung zusammenfallen liessen. Wollen wir aber diese beiden absurden Folgerungen, es gebe keine Wissenschaft und Sinneswahrnehmung sei mit der Wissenschaft identisch, so müssen wir neben den aus Form und Materie vereinigten Dingen etwas anerkennen, was den adäquaten Gegenstand unseres Denkens bildet [1]).

3. Für die Wahrheit, dass es über dem Gebiete der Sinnendinge und des mathematischen Mittleren noch eine Ideenwelt gebe, legt Aristoteles dem Plato noch folgenden Beweis in den Mund. In dem Reiche, wie es uns die sinnliche Erfahrung aufstellt, treffen wir in einer Art viele Einzelwesen

---

[1]) Th. Aq. in Met. III. 1. 9. t. c. 12. (Arist 999 a 24—35; b 1—3.)

an; die Prinzipien der letzteren sind offensichtlich nicht der Zahl, sondern nur der Art nach bestimmt, wofern nicht jemand die dem Einzeldinge eigenthümlichen Prinzipien ins Auge fasst. So liegen die Laute als die Prinzipien der Silbe in einer gewissen Anzahl als Vokale und Consonanten vor, aber sie sind nicht numerisch, sondern lediglich specifisch bestimmt; es giebt nämlich nicht etwa nur ein einziges a, ein einziges b, sondern viele a und viele b, nur in der individuellen, jetzt ausgesprochenen Silbe „ab", sind die Laute a und b numerisch bestimmt. In gleicher Weise lässt sich in dem Bereiche des mathematischen Mittleren eine Art wie die des Dreieckes in einer unendlichen Vielheit von Exemplaren denken, darum sind auch hier die Prinzipien nur der Art nach bestimmt. Gäbe es also nicht noch etwas ausser dem Bereiche des Sinnfälligen und des Mathematischen, in welchem die Prinzipien der Zahl nach unbegrenzt sind, so bliebe es dabei und wären überhaupt die Prinzipien der Dinge der Zahl nach unbegrenzt, da dies aber als eine unmögliche Annahme gilt[1]), so muss ausser dem Bereiche des Sinnfälligen und des Mathematischen noch das der Ideen postulirt werden, in welchem jene Unbegrenztheit der Zahl nach nicht mehr vorkommt, sondern mit der specifischen zugleich die numerische Einheit gegeben ist[2]).

Drittes Kapitel.
Kritische Beurtheilung dieser Beweise seitens des hl. Thomas.

Wie man sieht, handelt es sich in diesen Beweisen vorzugsweise um die Universalien. An der Hand des Aristoteles, mehr noch an der Hand des Avicenna bekämpft Thomas die hierauf bezüglichen Ansichten Platos. Indem wir diesen Kampf jetzt zur Darstellung bringen, ordnen wir seine zerstreuten

---

[1]) Vgl. Procli, Initia Philosophiae ac Theologiae. ed. Creuzer. Francf. 1822 P. III. Institutio theologica. prop. 11. p. 18. Πάντα τὰ ὄντα πρόεισιν ἀπὸ μιᾶς αἰτίας τῆς πρώτης. ἢ γὰρ οὐθενός ἐστιν αἰτία τῶν ὄντων, ἢ κύκλῳ τὰ αἴτια πεπερασμένων τῶν πάντων, ἢ ἐπ' ἄπειρον ἡ ἄνοδος, καὶ ἄλλου ἄλλο αἴτιον, καὶ οὐδαμοῦ στήσεται ἡ τῆς αἰτίας προϋπόστασις.
[2]) Th. A. in Met. III. l. 14. (Arist. 1002 b 12—25.)

polemischen Bemerkungen so, dass sie je zur Kritik eines der obigen Beweise dienen.

1.

Plato will sagen, so giebt Thomas die Schlussbemerkung des Aristoteles zu dem letzten Argumente wieder, und das folgt nothwendig aus seinen Voraussetzungen, dem Einzelmenschen kommen accidentelle Bestimmungen zu, dem abstracten Menschen, den er als eine getrennte Idee ansah, hingegen nur die Bestimmungen seines Begriffes; also ist der Wesensbegriff, wie er in der Substanz der Einzeldinge existirt, etwas Eines, von dem alles Accidentelle auszuschliessen ist[1]). Wenn nun gleich Plato dies zu sagen beabsichtigte, so mangelte es ihm doch an der richtigen Unterscheidung[2]).

Was ist dies für eine Voraussetzung und Unterscheidung, von welcher Thomas redet?

Die Voraussetzung bestand in der Art und Weise, wie Plato das Verhältniss der Dinge zu ihrem Stoffe auffasste. Indem er nämlich dieses zu ermitteln strebte, zog er einerseits jene Dinge in Betracht, welche aus einer specifisch verschiedenen Materie erzeugt werden können, wie den Kreis, der sich aus Erz, Stein oder Holz formen lässt, und hier stellte er es als offenbar hin, dass der Stoff keinen nothwendigen Bestandtheil des Artbegriffes bilde. Jeder werde doch zugestehen, dass Holz, Stein, Erz, kurz dieser oder jener Stoff nicht zu dem Wesen des Kreises gehöre, da der Kreis doch ohne diese Stoffe vorkomme, nicht aber ohne jene Bestimmungen sein könne, die einen nothwendigen Bestandtheil seines Artbegriffes ausmachen. Andererseits aber konnte es ihm nicht verborgen bleiben, dass bei einer zweiten Klasse von Dingen der Artbegriff niemals in specifisch verschiedener, sondern immer in gleichartiger Materie, wie der Begriff des Menschen immer in Fleisch und Blut zur Erscheinung komme. Gleichwohl fand

---

[1]) Vgl. Avicennae . . . opera. Venetiis 1508. Met. tr. 5. c. 1. f. 87. D. — tr. 7. c. 2. f. 96. v. a.

[2]) Th. Aq. a. a. O. — Arist. a. a. O. 27—30. Καὶ γὰρ εἰ μὴ καλῶς διαρθροῦσιν οἱ λέγοντες, ἀλλ' ἔστι γε τοῦθ' ὅ βούλονται, καὶ ἀνάγκη ταῦτα λέγειν αὐτοῖς, ὅτι τῶν εἰδῶν οὐσία τις ἑκαστόν ἐστι, καὶ οὐδὲν κατὰ συμβεβηκός.

er in der Annahme, dass auch bei dieser Klasse von Dingen zwischen Begriff und Materie das gleiche Verhältniss obwalte, wie bei jener, nichts Befremdendes. Denn gesetzt, alle Kreise erwiesen sich als eherne, so gehörte doch nichts destoweniger das Erz nicht nothwendig zu seinem Artbegriffe, zwar gebe es dann in Wirklichkeit keinen Kreis ohne Erz, aber es würde, wenn auch nicht jedweder, so doch der schärfer Denkende einsehen, dass es dem Kreise nicht wesentlich zukomme, in Erz zu sein. Obgleich wir also keinen Menschen kennen, als nur solche, welche Fleisch und Blut haben, so wollte Plato dennoch nicht Fleisch und Blut zu dem Begriffe des Menschen rechnen, sondern nur als Theile der Materie angesehen wissen [1]).

Auch bezüglich der mathematischen Figuren nahm er die Linie und das Continuirliche nicht in die Definition auf, sondern lehrte, alles dies stehe in demselben Verhältnisse zu ihnen, wie Fleisch und Blut zu dem Begriffe des Menschen. Nach Entfernung der Linie von dem Kreise und Dreiecke blieb ihm nichts zurück, als die Einheit und die Zahl, weil der Kreis aus einer und das Dreieck aus drei Linien besteht. Auf diese Weise führte er alle mathematischen Figuren auf Zahlen zurück und behauptete, der Begriff der geraden Linie sei die Zweizahl, da sie zwei Punkte auf dem kürzesten Wege verbinde [2]).

Vorausgesetzt nun, dass Plato hierin das Richtige trifft, dass die Form der natürlichen Dinge ausserhalb der Materie liegt und diese nur in einem accidentellen Verhältnisse zu ihr steht [3]), dass das Sein lediglich auf die Seite der Form fällt [4]),

---

[1]) Th. Aq in Met. VII. 1. 11. (Arist. 1036 a 26—35. b 1 - 6.)

[2]) a. a. O. (Ar. a. a. O. 6—15.)

[3]) Th. Aq. q. 4. de verit. a. 6. ad 2. in ctr. „Plato in hoc reprehenditur, quod posuit formas naturales secundum propriam rationem esse praeter materiam ac si materia accidentaliter se haberet ad species naturales et secundum hoc species naturales vere praedicari possunt de his, quae sunt sine materia."

[4]) Th. Aq. S. th. p I. q. 18. a. 4. ad 3. „Si de ratione rerum naturalium non esset materia, sed tantum forma, omnibus modis veriori modo essent res naturales in mente divina per suas ideas, quam in seipsis. Propter quod et Plato posuit, quod homo separatus esset verus homo, homo autem materialis est homo per participationem."

dann legt Thomas seiner Beweisführung Gültigkeit bei[1]). In den einfachen, immateriellen, für sich bestehenden Substanzen fallen Begriff und Form, Erkenntniss- und Seinsprinzip völlig zusammen. Das, worin der Begriff sein Sein hat, wird nicht durch etwas anderes constituirt, sondern das Prinzip der Individuation liegt in der Form selbst. Darum können in dem Bereiche der geistigen, selbständigen Substanzen in einer Art nicht mehrere Individuen vorhanden sein, sondern jede Art ist für sich eine numerische Einheit[2]). Und da jede nicht in die Materie verstrickte Substanz eine intelligente Kraft ist und unablässig in der Betrachtung ihres eigenen Wesens ruht[3]), so hat Plato auch darin Recht, die Ideen intelligente Substanzen und etwas actuell Gedachtes zu nennen[4]).

[1]) Th. Aq. de unit. intell. (Append. S. c. gent. ed. Roux Lavergne. Par. Vol. I. p. 496.) „Nec verum est quod substantia separata non sit singularis et individuum aliquod; alioquin non haberet aliquam operationem, quum actus sint solum singularium, ut Philosophus dicit, unde contra Platonem dicit (Met. 1040 a) quod si ideae sint separatae, non praedicabitur de multis idea nec poterit definiri; sicut nec alia individua, quae sunt unica in sua specie. Non enim materia est principium individuationis in rebus materialibus, nisi inquantum materia non est participabilis a pluribus, quum sit primum subjectum non existens in alio. Unde et de idea Aristoteles dicit, quod si idea esset separata, esset quaedam substantia individua . . Individuae ergo sunt substantiae separatae et singulares; non autem individuantur ex materia, sed ex hoc ipso, quod non sunt natae in alio esse."

[2]) Vgl. Th. Aq. S. th. p. I. q. 3. a. 3. — q. 50. a. 4. „Si ergo angeli non sunt compositi ex materia et forma . . sequitur, quod impossibile sit esse duos angelos unius speciei, sicut etiam impossibile esset dicere, quod essent plures albedines separatae." Vgl. Arist. Met. 1074 a 31—35. — Th. Aq. in Met. VII. l. 5. t. c. 20 (Ar. 1031. a. 29) „In illis quae dicuntur per se, semper necesse est idem esse quodquideratesse et id cuius est. Quod patet si ponantur aliquae substantiae abstractae ab istis sensibilibus, quibus non sunt aliquae aliae substantiae abstractae nec aliquae naturae priores eis. Hujusmodi enim substantias Platonici dicunt esse ideas abstractas."

[3]) Th. Aq. in prolog. comment. in Met. „Unaquaeque res ex hoc ipso vim intellectivam habet, quod est a materia immunis." Vgl. in Met. XII. l. 8. t. c. 39. — II Sent. d. 11. q 2. a. 3. ad 4. „Angelus semper est in actuali consideratione sui ipsius . . . cujus ipse est ratio cognoscendi."

[4]) Th. Aq. sub. sep. c. 1. „Plato volebat, quod dii (ideae) superintellectualiter intelligerent non . . . participantes aliquas species, sed

Doch erhebt Thomas gegen Plato den Vorwurf, dass er das Wesen der Abstraction verkannt und nicht richtig unterschieden habe. Wir müssen ihm zufolge nämlich eine doppelte Thätigkeit unseres Intellectes auseinander halten, die eine, vermöge deren er etwas Einheitliches und das Wesen eines Dinges erfasst, und die andere, kraft welcher er durch Trennung und Verknüpfung ein verneinendes oder bejahendes Urtheil bildet. Da nun das Denken sich nach den Dingen richtet, so erhellt, dass der Intellect nach dem letzteren Verfahren, soll er anders von der Wahrheit sich nicht entfernen, das nicht abstrahiren kann, was der Sache nach verbunden ist. Wenn ich in dem Urtheile: „der Mensch ist nicht weiss" die Weisse von dem Menschen trenne, so wird ein wirklich bestehendes Getrenntsein bezeichnet, liegt dies aber nicht vor, so sagt der Intellect etwas Falsches aus.

Vermöge der ersten Operation aber ist der Intellect im Stande, aus einem Dinge Bestimmungen herauszuheben, die in Wirklichkeit nicht gesondert bestehen können, aber nicht alle, sondern nur einige. Da jedes Ding nur nach dem Masse seiner Actualität erkennbar ist, so muss die Wesenheit desselben erkannt werden, entweder insofern sie als eine einfache Form selbst ein Act ist, oder insofern ihr als einer zusammengesetzen der Act durch die Form zukommt, und das so Erkannte ist es, was der Wesenheit ihren Begriff verleiht. Wenn also das, was eine Natur ihrem Begriffe nach constituirt oder wodurch die Natur selbst erkannt wird, in Abhängigkeit von

---

per se ipsos." S. th. p. I. q. 85. a. 2. „Ideas ponebat Plato esse intellectas in actu." Vgl. Procli Inst. theol. et phil. prop. 121. p. 178: Τὰ πέρατα πάντων τῶν γνώσεων ἑνοειδῶς ἐν τοῖς θεοῖς προϋφέστηκεν. διὰ γὰρ τὴν θείαν γνῶσιν, τὴν ἐξῃρημένην τῶν ὅλων, καὶ αἱ ἄλλαι πᾶσαι γνώσεις ὑπέστησαν, οὔτε νοεράν, οὔτε ἔτι μᾶλλον τῶν μετὰ νοῦν τινα γνώσεων, ἀλλὰ κατὰ τὴν ἰδιότητα τὴν θείαν ὑπὲρ νοῦν ἱδρυμένην. Prop. 124. p. 184: Πᾶς θεὸς ἀμερίστως μὲν τὰ μεριστὰ γινώσκει, ἀχρόνως δὲ τὰ ἔγχρονα, τὰ δὲ μὴ ἀναγκαῖα ἀναγκαίως, καὶ τὰ μεταβλητὰ ἀμεταβλήτως, καὶ ὅλως πάντα κρειττόνως, ἢ κατὰ τὴν αὐτῶν τάξιν. Εἰ γὰρ ἅπαν, ὅ, τι περ ἂν ᾖ παρὰ τοῖς θεοῖς, κατὰ τὴν αὐτῶν ἐστιν ἰδιότητα, δῆλον δήπουθεν, ὡς οὐ κατὰ τὴν τῶν χειρόνων φύσιν ἐν τοῖς θεοῖς οὖσα ἡ γνῶσις αὐτῶν ἔσται, ἀλλὰ κατὰ τὴν αὐτῶν ἐκείνων ἐξῃρημένην ὑπεροχήν.

einem Früheren steht, so ist es klar, dass jene ohne dieses nicht erkannt werden kann; hängt aber das eine von dem anderen nicht in dieser Weise ab, so kann es von dem Intellecte so abstrahirt werden, dass es auch ohne dieses erfasst wird. So unterscheidet der Intellect das eine von dem anderen vermöge seiner doppelten Operation in verschiencner Weise: das eine mal, indem er einsicht, jenes wohne diesem nicht inne, und das andere mal, indem er das Wesenhafte an einem Dinge ergreift, ohne sein Auge darauf zu richten, ob etwas anderes mit ihm verbunden ist oder nicht. Jene Unterscheidung wird mit eigenthümlichen Namen Trennung genannt und kommt in der Metaphysik zur Anwendung, diese hingegen heisst Abstraction, jedoch nur dann, wenn beides, von dem das eine ohne das andere zur Kenntniss kommt, der Sache nach vereinigt ist. In zweifacher Weise aber ist etwas mit einem anderen der Sache nach vereinigt, entweder wie der Theil mit dem Ganzen oder wie die Form mit der Materie, und dem entsprechend giebt es auch eine doppelte Abstraction, je nachdem das Ganze von den Theilen oder die Form von der Materie abgezogen wird.

Der Intellect aber darf nur jene Form von der Materie ablösen, die ihrem Begriffe nach von dieser nicht bedingt ist, von jener Materie hingegen, von welcher die Form ihrem Begriffe nach bedingt ist, darf er sie nicht ablösen. Da nun alle Accidenzien zu der Substanz in dem Verhältnisse der Form zu der Materie stehen und von ihr ihrem Begriffe nach abhängen, so ist ihre Abschälung von dieser nicht gerechtfertigt. Indessen kommen die Accidenzien der Substanz in einer gewissen Reihenfolge zu, erst die Quantität, dann die Qualität, dann die Zustände und Bewegungen[1]). Die Quantität wird also an der Substanz früher erkannt, als die Qualität, von welcher die Materie sinnfällig genannt wird; somit hängt die Quantität ihrem Begriffe nach nicht von der sinnfälligen, wohl aber von einer in Gedanken vorhandenen Materie ab, denn nach Entfernung aller Accidenzien ist die Substanz nur dem Intellecte

---

[1]) Diese Lehre beruht auf der Stelle bei Arist. Ethic. Nicom. 1096. a 17—23.

zugänglich, weil die Sinne zu ihrer Erfassung nicht ausreichen. Mit den auf diese Weise abstrahirten quantitativen Grössen beschäftigt sich die Mathematik. Plato ging also darin fehl, von der Definition der mathematischen Figuren alle Materie auszuschliessen [1]).

Auch das Ganze, lehrt Thomas weiter, kann von den Theilen nicht losgerissen werden, von welchen es seinem Begriffe nach abhängt. Das Ganze beruht nämlich oftmals wesentlich in der Verknüpfung solcher Theile, und wenn irgendwo, so ist dies auf dem Gebiete der Natur Fall. Die substantiale Form ist an die entsprechende Materie so gekettet, und diese mit der substantialen Form so verflochten, dass unmöglich das eine Element von dem anderen geschieden werden kann. Der Mensch verhält sich nicht so zu seiner Materie, wie der Kreis zum Erze, denn er ist wesentlich etwas Sinnfälliges und kann ohne die Bewegung, d. h. ohne die von der Bewegung nothwendig erforderten Theile nicht erkannt werden. Wollen wir also die sinnfälligen Dinge definiren, so dürfen wir uns nicht damit begnügen, bloss ihre Form anzugeben, wie Plato that, sondern wir müssen auch auf die in der Materie liegende Bewegung eingehen und die materia communis in die Definition aufnehmen [2]). Dergleichen Theile, von welchen das Ganze nicht abstrahirt werden kann und die in die Definition eines Dinges gestellt werden, heissen Theile der Form und des Artbegriffes. Andererseits giebt es aber auch Theile, welche dem Ganzen nur in dem einzelnen Falle zukommen. Dass der Mensch z. B. Füsse und Hände habe, gehört nicht zu seinem Begriffe, sondern ist etwas, das ihm als solchem widerfährt. Diese Theile, welche von der Definition ausgeschlossen sind, ihrerseits aber ohne sie nicht verstanden werden können, nennt man Theile der Materie, und so verhält sich auch zu dem Begriffe des Menschen dieser bestimmte Leib und diese bestimmte Seele, wie überhaupt alles, was an dem Menschen als numerär Einzelnes bezeichnet wird. Von diesen Theilen also kann der Intellect den Begriff des Menschen

---
[1]) Th. Aq. in Met. VII. 1. 11. t. c. 39. p. 7.
[2]) Th. Aq. a. a. O. (Ar. 1036 b 25 ff.) S. th. p. 1. q. 29. a. 2 ad 3. — q. 75. a. 4. — q. 85. a. 1 ad 2. — Quodl. II. a. 4.

abstrahiren, und eine solche Abstraction wird die des Universellen von dem Particulären genannt ¹). Ihrer bedient sich die Physik, ja jegliche Wissenschaft, insofern keine von dem per accidens Vorkommenden handelt. Plato besass nun für den Unterschied dieser beiden Abstractionsweisen von der ersten, welche im strengen Sinne Trennung genannt wird, kein offenes Auge, darum verfiel er dem Irrthume, ihnen eine zweifache Gattung von getrennten Substanzen, die Ideen und die Dinge des mathematischen Mittleren entsprechen zu lassen ²).

---

¹) Vgl. Avicennae.. opera. Venetiis 1508. Log. fol. 4. — De anima. p. 2. c. 2. f. 6 v. f. „Species abstractionis diversae sunt . . Formis etenim materialibus propter materiam accidunt dispositiones et alia, quae non habent ex sua essentia. . Illarum abstractio a materia aliquando est abstractio non sine illis appenditiis vel aliquibus earum, aliquando illa est perfecta abstractio, quae abstrahit intellectam rem a materia et ab aliis appenditiis in materia earum. . . Forma humana . . est natura, in qua conveniunt omnia singularia . . . sed quia accidit ei, ut existeret in hoc singulari et in illo, ideo multiplicata est, hoc autem non habet ex natura sua. . . Accidunt autem ei alia accidentia, sc. quia cum fuerit in materia, acquiretur ei aliquis modus quanti et qualis et ubi et situs, quae omnino sunt extranea a natura ipsius etc."

²) Th. Aq. in Boethii l. de trinitate q. 5. a. 3 — S. th. p. I. q. 76. a. 2. ad 4. — q. 84. a. 1. — a. 2. — in Met. III. l. 7. VIII. l. 1. — in Phys. II. l. 3. — in Met. I. l. 10. „Patet autem diligenter intuenti rationes Platonis, quod ex hoc in sua positione erravit, quia credidit, quod modus rei intellectae in suo esse sit sicut modus intelligendi rem ipsam. Et ideo quia invenit intellectum nostrum dupliciter abstracta intelligere, uno modo sicut universalia intelligimus abstracta a singularibus, alio modo sicut mathematica abstracta a sensibilibus, utrique abstractioni intellectus posuit respondere abstractionem in essentiis rerum. Unde posuit et mathematica esse separata et species. Hoc autem non est necessarium. Nam intellectus, etsi intelligat res per hoc, quod similis est eis quantum ad speciem intelligibilem, per quam fit in actu, non tamen oportet, quod modo illo sit species illa in intellectu, quo in re intellecta. Nam omne quod est in aliquo, est per modum ejus, in quo est Et ideo ex natura rei intellectae necessarium est, quod sit alius modus intelligendi, quo intellectus intelligit, et alius sit modus essendi, quo res existit. Licet enim id in re esse oporteat, quod intellectus intelligit, non tamen eodem modo. Unde quamvis intellectus intelligat mathematica non cointelligendo sensibilia et universalia praeter particularia, non tamen oportet, quod mathematica sint praeter sensibilia et universalia praeter particularia."

Vgl. Avicen. Met. tr. 7. c. 2. f. 96. „Cum diligenter consideraveris,

Indessen sagt uns Thomas, dass wenn wir die körperliche Substanz ohne die ihr inhärirenden Accidenzien betrachten, dieses Verhalten des Intellectes mehr ein trennendes als ein abstrahirendes ist[1]). Der Lehre des Aristoteles zufolge werden nämlich sowohl die dem Bereiche des Ewigen angehörenden Substanzen als auch die begrifflich aufgefassten Wesenheiten der in dem Gebiete des Vergänglichen auftretenden Dinge durch das Nichtinnewohnen der Form in dem materiellen Substrate ausgedrückt. Jene wie diese werden als ursprüngliche Substanzen bezeichnet, insofern auch die letzteren nichts Früheres voraussetzen, von dem sie ihrem Begriffe nach bedingt wären [2]). Beide gehören logisch betrachtet der nämlichen Gattung an, weil in beiden wie in den vermeintlichen Platonischen Ideen Begriff und individuelle Bestimmtheit zusammenfallen [3]); ihrer Seinsweise nach hingegen sind sie von einander verschieden,

---

hoc invenies, quod radix erroris, in quem inciderunt isti viri (Platonici) est opinio eorum, quod cum res est expoliata ab aliquo nec est adjunctus ei respectus alius, profecto expoliata est in esse ab eo, quemadmodum si id, cui aliquid conjunctum est, jam considerasti illud non adjunctum illi, et omnino cum consideraveris illud sine conditione conjunctionis, jam putabis te considerasse illud cum conditione non conjunctionis, ita ut non oporteat considerare illud nisi non conjunctum, quamvis sit conjunctum. Sed quia intellectus apprehendit intellecta, quae sunt in mundo, sine consideratione ejus, cui adjungitur, ideo putaverunt, quod intellectus non apprehendit nisi separata ab eis. Non est autem ita, immo omnis res secundum quod in seipsa est, habet unum respectum et secundum quod juncta est alii, habet alium respectum. Nos enim cum intelligimus v. gr. formam hominis, solummodo jam intelligimus aliquid, quod solummodo est secundum quod est in se. Sed ex hoc, quod intelligimus, non oportet, quod sit solum et separatum. Conjunctum enim ex hoc, quod est ipsum, non est separatum secundum modum negationis, non secundum modum privationis, qua intelligitur separatio existentiae. Non est autem nobis difficile intelligere secundum apprehensionem ... unum ex duobus, quorum unum est secundum quod non est de natura ejus separari a sibi conjuncto in existentia, quamvis separetur ab eo in diffinitione et intentione et certitudine, cum fuerit ejus certitudo non contenta intra certitudinem alterius." Bez. d. Abstract. des Mathem. vgl. Avicen. Met. tr. 3. c. 4. f. 79.

[1]) Th. Aq. in 1. Boethii de trin. q. 5. a. 3.
[2]) Th. Aq. in Met. VII. l. 11. (Ar. 1037 b 1 ff. 1032 b 2.)
[3]) Th. Aq. a. a. O. — in Met. X. in fin. — q. 7. de pot. a. 7 ad 1 in ctr.

denn bei jenen liegt es in ihrem Begriffe, nicht in die Materie und die Bewegung verwickelt zu sein, bei diesen aber gehört diese Bestimmung nicht zu ihrem Begriffe, obwohl sie in dem einzelnen Falle ihr unterworfen sind¹). Dies ist die Unterscheidung, von der Thomas oben sagt, dass sie Plato gemangelt habe, und die Vernachlässigung derselben führte diesen dahin, die Wesenheiten der Sinnendinge auch nach ihrer Seinsweise den immateriellen Substanzen gleichzustellen, entgegengesezte Naturen, das Ewige und das Vergängliche dem Begriffe und Namen nach für identisch zu erklären, ja die Idee als das Wesen des empirisch Einzelnen anzusehen, als ob der in Rede stehende Gegensatz bloss auf einem per accidens eintretenden Zustande beruhe und nicht das eigentliche Sein selbst träfe²).

Während nach dem Gesagten in den immateriellen Substanzen und in den Wesenheiten der Naturdinge, wie sie in dem Verstande aufgenommen erscheinen, Begriff und concretes Dasein zusammenfallen, liegen diese Momente in den mit Accidenzien behafteten Substanzen auseinander. Der Begriff des weissen Menschen und der weisse Mensch decken sich nicht, denn der Begriff, welcher die Wesenheit ausdrückt, schliesst alles Fremdartige aus und fasst nur diejenigen Bestandtheile in sich, welche zu seiner Artnatur gehören; was wir aber als weissen Menschen bezeichnen, involvirt ausser der Artnatur noch Anderweitiges. Dieses Verhältniss kehrt bei den Substanzen, in deren Begriff die Materie aufgenommen werden muss, wieder. Denn da hier die Artnatur unmöglich anders als in diesem oder jenem Individuum existiren kann,

---

¹) Th. Aq. in 2. de trin. q. 5. a. 4. ad 5.
²) Th. Aq. in Met. III. 1. 7. t. c. 7. (Arist. 999 b 5 ff.) „Dicebant Platonici contrarias naturas esse easdem secundum speciem et rationem. . . quinimmo dicebant, illas naturas esse species horum sensibilium, puta quod homo separatus est humanitas hominis hujus sensibilis et quod homo sensibilis est homo participatione illius hominis. Hanc tamen differentiam ponebant inter ea, quia illae naturae immateriales sunt sempiternae, istae vero sensibiles sunt corruptibiles. . . Est autem valde absurdum, quod id, quod secundum suam naturam est corruptibile, sit ejusdem speciei cum eo, quod per suam naturam est incorruptibile, quin potius corruptibile et incorruptibile differunt specie" Vgl. in Met. X. in fin. (Arist 1050 a.) S. S. 10. Amk. 3 u. 4.

die Definition aber nicht die Individuen, sondern nur die Artnatur trifft, so muss die durch räumliche Dimensionen abgegrenzte Materie (materia designata), welche das Individuationsprinzip ist, ausserhalb der Wesenheit liegen. Folglich ist hier die Wesenheit und das Suppositum, d. h. das Einzelding in der Gattung der Substanz nicht dasselbe. Und das ist auch der Grund dafür, dass in dem Bereiche der natürlichen Dinge und des Mathematischen in einer Art mehrere Individuen angetroffen werden können[1]). Mithin ist das formelle Prinzip der Dinge, von welchen viele in einer Art sich vorfinden, nicht numerisch, sondern nur specifisch bestimmt[2]).

2.

Gegen diese Feststellung erhebt sich ein Bedenken.

Plato war nicht der Ansicht, so interpretirt Thomas eine Stelle des Aristoteles[3]), dass die Silbe aus ihren Elementen und deren Vereinigung bestehe, d. h. die Vereinigung galt ihm nicht wie das Element als ein materieller Theil, sondern als die Form der Silbe. Und darin hatte er Recht, denn wenn die Form ein materieller Theil (ein Resultat der materiellen Theile) wäre, so würde sie von der Materie abhängen, vielmehr werden die materiellen Bestandtheile von der Vereinigung, welche eine Form ist, constituirt. Gesetzt nun, ‚Thier‘ und ‚zweifüssig‘ seien die materiellen Theile des Menschen, so ist der Mensch nicht etwa die Summe von ‚Thier‘ und ‚zweifüssig‘, sondern etwas, das jenseits dieser Theile liegt, kurz er ist weder ein Element, noch ein Aggregat aus Elementen, sondern einzig die Form, wie Plato lehrte, der die Materie von der Definition ausschloss. Aber dieser Ansicht gegenüber ist geltend zu machen, dass wenn bloss die Form mit Ausschluss der Materie die Substanz und das Seinsprinzip

---

[1]) Th. Aq. in 1. Arist. de anima III. 1. 8.; in Met. VII. 1. 11. Quodl. II. 2. q. a. 4. — Vgl. Frhr. v. Hertling, Materie und Form S. 43 ff.

[2]) Th. Aq. in Met. III. 1. 11. in fin. „Principia rerum efficientia et moventia sunt quidem determinata numero, sed principia rerum formalia, quorum sunt multa individua unius speciei, non sunt determinata numero, sed solum specie."

[3]) Arist. Met. 1043. b. 5—15.

ist, Plato keinen Grund angeben kann, warum dieses Partikuläre jene getrennte Substanz, warum der sinnfällige Mensch etwas aus Materie und Form Vereinigtes, der Mensch an sich aber eine blosse Form sei[1]). — Ist nun dieser Irrthum Platos durch die Lehre des Thomas von der Verschiedenheit des Suppositums und der Wesenheit in den Naturdingen ausgeschlossen? Wenn die Wesenheit neben dem Suppositum liegt, können wir dann nicht gleichfalls fragen, wie man denn sagen könne, dass das Partikulare jene Wesenheit sei?

Indem wir diese Frage beantworten, kommen wir auf die Kritik zu sprechen, welche der Aquinate an dem zweiten Beweise Platos ausübt. Es handelt sich hier zunächst um die Aussagbarkeit der Universalien. Je nachdem wir uns der einen oder der anderen oben besprochenen Abstractionsweise bedienen, können wir die Wesenheit eines Naturdinges wie die des Menschen entweder abstract als Menschheit oder concret als Mensch auffassen. Die Menschheit fällt nun insofern mit demjenigen, was uns das Wort Mensch bekannt giebt, nicht völlig zusammen, als sie das Individuirende und was sich in Folge der Individuation noch anderweitig in dem Einzelmenschen vorfindet, von sich ausschliesst und nur einen Theil des Menschen ausdrückt, welcher in zutreffender Weise von diesem nicht ausgesagt werden kann. Was hingegen das Wort Mensch bezeichnet, involvirt ausser der Wesenheit der Potenz nach das Individuirende und lässt die Möglichkeit für das Vorhandensein von Accidenzien offen; es tritt somit als der Wesensbegriff auf, welcher das ganze Ding zum Ausdrucke bringt und im vollgültigen Sinne von dem Einzelmenschen prädicirt wird. Wenn nun gleich in dem Worte Mensch das Accidentelle actuell nicht ausgedrückt liegt, so bezeichnet Mensch doch nicht, wie Plato wollte, etwas, das von seinem Suppositum getrennt existirte[2]), sondern das mit ihm ein und dasselbe

---

[1]) Th. Aq. in Met. VIII. l. 3. Vgl. Averrois in Met. VIII. t. c. 8. f. 216. Venetiis 1562.

[2]) Vgl. Th. Aq. in Met. VIII. l. 3. t. c. 7. (Arist. 1043 a 29 ff.) „Ostendit (Arist.) quid sequatur, si quis dicit, quod nomina specierum utroque modo se habent in significando, ut sc. quando significent formam tantum, quandoque autem formam in materia, et est quod de utro-

ist¹). — Oder sagen wir im Sinne des Thomas anders. Wie jedes Universale bezeichnet die Wesenseit nichts Selbständiges, sondern eine Beschaffenheit der Dinge, aber eine wesenhafte, welche von ihnen, ohne dass sie selbst zerstört würden, nicht abgelöst werden kann. Denn das formelle Prinzip wird als der Wesensgrund der Dinge angesehen, weil mit seiner Aufhebung auch diese aufgehoben werden, nicht aber umgekehrt²). Die Wesenheit constituirt das Suppositum, nicht als ob jene ein Ding und dieses ein anderes wäre, wie diejenigen lehren, welche die Artnatur bloss aus der Form bestehen lassen, sondern weil der Auffassungsweise nach die Wesenheit als Theil, das Suppositum aber als Ganzes, die Wesenheit als das Constituirende, das Suppositum aber als das Constituirte bezeichnet wird³). Da das Constituirte aber von dem Constituirenden nicht losgerissen werden kann, so sind beide dasselbe. —

Es ist nun zwar wahr, dass auch Plato die Ideen als die formellen Prinzipien der Dinge aufstellte, weil mit ihrer Aufhebung diese aufgehoben würden, nicht aber umgekehrt⁴), sie sollen den Dingen dadurch, dass sie ihnen Antheil an sich gewähren, das substantiale Sein verleihen, wesshalb sie von

---

que in utraque significatione animal accipietur non univoce, quasi una ratione dictum, sed analogice, sicut est in illis, quae habent nomen unum propter hoc, quod referuntur ad unum. Nomen enim speciei non dicetur de composito nisi secundum ordinem ad hoc, quod dicitur secundum formam tantum, sicut Platonici posuerunt. Ponebant enim quod homo, qui est compositus ex materia et forma, dicitur per participationem hominis idealis, qui est forma tantum."

¹) Th. Aq. in Met. VII. l. 5. in fin. — Sent. I. d. 23. q. 1. a. 1. — Vgl. Avicen. Log. f. 3. u. 4.

²) Th. Aq. in Met. V. l. 10. Ar. 1017 b 17—21. — Vgl. Avicen. Log. p. I. f. 4. „Hoc quod dicimus substantiale . . est verbum universale, quod significat intentionem, cujus comparatio ad singularia talis est, quod cum putabitur non esse substantia illorum particularium, non habebit esse, non quia horum substantia particularium debebat primum destrui, ut sic possit putari illa destrui, sed quia ex illius destructione sequitur destructio istorum." Th. Aq. in Met. V. l. 9. „Esse quod in sui natura unaquaeque res habet, est substantiale."

³) Th. Aq. Quodl. II. a. 4. ad ctr. Vgl. Avicen. Log. f. 4. v. f.

⁴) Th. Aq. in Met. XI. l. 1.

ihm ihr specifisches Wesen genannt wurden¹), aber als selbstständige Universalien können sie, falls sie existirten, nur solche Beschaffenheiten ausdrücken, welche ohne das Wesen der Dinge zu schädigen, auch abwesend sein dürfen, denn jede von ihrem Träger verschiedene Qualität ist nur etwas Accidentelles²).

Es wird niemanden entgehen, dass Thomas hier bei allem Glauben an den Stagiriten die Lehre Platos umwandelt. Denn während die Ideen den Begriffen, wie sie in unserem Verstande aufgenommen erscheinen, vollkommen entsprechen, bezeichnet das Substantiale den Begriff, wie er in den Dingen als Seinsprinzip vorliegt.

Es giebt also keine Universalien, die in der Naturwirklichkeit neben den Sinnendingen ein getrenntes Dasein führten. Aber daraus folgt nun nicht, dass von dem Sinnfälligen keine Wissenschaft statt habe oder dass Wissenschaft und sinnliche Wahrnehmung das nämliche sei. Unser Intellect kann die Naturdinge das eine mal ohne alle jene Bestimmungen betrachten, die ihnen nicht an sich zukommen, und so sind die Formen und Begriffe der veränderlichen Dinge ohne alle Veränderung und Gegenstand der Wissenschaften und Definitionen. Das andere mal aber kann er die abstracten Begriffe in Vergleich mit den körperlichen Dingen, deren Begriffe sie sind, auffassen, und so gelten sie als die Prinzipien in der Erkenntniss derselben, weil jedes Ding durch seine Form erkannt wird. Die Naturdinge sind mithin trotz ihrer Veränderlichkeit unserem Wissen nicht entzogen³).

3.

Die Einzeldinge an sich genommen sind allerdings, wenn von einem directen Erkenntnissacte die Rede ist⁴), unserer

---

¹) a. a. O. I. 1. 10. „Hujusmodi entia universalia, quae sunt a rebus sensibilibus separata, nominavit (Plato) ideas et species existentium sensibilium, ideas quidem i. e. formas inquantum ad earum similitudinem sensibilia constituuntur, species vero, inquantum per earum participationem esse substantiale habebant."
²) Th. Aq. in Met. VII. l. 13. t. c. 47. Vgl. Arist. 1038 b 35 25 ff.
³) Th. Aq. in Met. III. l. 9. in fin. — de trin. q. 5. a. 2.
⁴) Th. Aq. S. th. p. I. q. 86. a. 1. — q. 14. a. 11. —

Erkenntniss verschlossen, und wir können sie, wie Plato in dem ersten Beweise richtig bemerkt, nur durch die Zurückführung auf ihr Allgemeines erfassen, denn das Allgemeine als solches ist das Erkenntnissprinzip, insofern es unserer Denkweise, die wesentlich eine abstrahirende ist, folgt. Dass nun aber jegliches Erkenntnissprinzip auch ein Seinsprinzip sei, wie er meinte, ist nicht erforderlich, da wir das Wesen der Naturdinge durch ihre Erscheinung und ihre Ursache durch die Wirkung erkennen[1]. Mithin ist das Universale als solches weder ein Seinsprinzip noch eine Substanz, wie Aristoteles mit zahlreichen Gründen gegen Plato nachweist[2].

Wenn von einem durch Abstraction zur Kenntniss gekommenen Universale die Rede ist, lehrt Thomas weiter, müssen wir ein doppeltes an ihm unterscheiden, die Natur des Dinges selbst, welcher die Abstraction widerfährt, und die Abstraction oder Universalität. Die Natur des Dinges selbst hat eine zweifache Daseinsweise, eine materielle in dem individuirten Dinge und eine immaterielle in dem Intellecte[3]. Jenem Sein aber, das ihr in der natürlichen Materie eignet, kann die Bestimmung der Universalität nicht zuertheilt werden,

---

[1] Dass diese begründende Behauptung mit dem oben ausgesprochenen Satze, die Erkenntniss der Dinge werde durch ihre Form vermittelt, nicht im Widerspruch steht, lehrt folgende Distinction des des Thomas. S. th. p. I q. 85. a. 8. ad. 1: „In accipiendo scientiam non semper principia et elementa sunt priora, quia quandoque ex effectibus sensibilibus devenimus in cognitionem principiorum et causarum intelligibilium. Sed in complemento scientiae semper scientia effectuum dependet ex cognitione principiorum et elementorum, quia ut dicit Philosophus (Phys. I. t. c. 1.), tunc opinamur nos scire, cum principiata possumus in causas resolvere."

[2] Th. Aq. S. th. p. I. q. 85. a. 3. ad 4. — in Met. VII. l. 13. „Universale dupliciter potest accipi. Uno modo pro ipsa natura, cui intellectus attribuit intentionem universalitatis, et sic universalia, ut genera et species, substantias rerum significant et praedicantur in quid . . . Alio modo potest accipi universale in quantum est universale et secundum quod natura praedicta subest intentioni universalitatis i. e. secundum quod consideratur animal vel homo ut unum in multis. Et sic posuerunt Platonici animal et hominem in sua universalitate esse substantias. Quod Aristoteles in hoc capitulo (1038 b ff.) intendit reprobare."

[3] Th. Aq. S th. p. I. q. 85. a. 2. ad 2.

da sie durch die Materie individuirt ist, also kommt ihr dieselbe nur insofern zu, als sie von der individuellen Materie befreit ist. Nun aber ist es nicht möglich, dass sie in der Naturwirklichkeit von der Materie frei sei, denn es giebt keinen Menschen als nur in diesem bestimmten Fleische und Blute. Folglich existirt die menschliche Natur ohne die individuirenden Prinzipien bloss in dem Intellecte[1]). Das vielen Dingen Gemeinsame ist nichts ausser denselben, als nur dem Denkacte nach[2]).

Vermöge der Fähigkeit auf seine Acte und vermittelst der Objecte auf die Phantasmen als ihren Ursprung sich zurückzuwenden[3]), kann der Intellect die Natur, die er seinem Gesetze der Allgemeinheit unterworfen hat, zugleich mit dieser Allgemeinheit zu dem Gegenstand seiner Erkenntniss erheben. Daraus erhellt, dass das Allgemeine als solches etwas Späteres ist, als die Einzeldinge, und nicht etwas Früheres, wie Plato behauptete, der die Einzeldinge durch Theilnahme an den subsistirenden Universalien bestehen liess[4]).

Auch war es ein irrthümliches Verfahren von ihm, den Begriff der Gattung, Art und Differenz einem Sein beizulegen, welches nach seiner Ansicht als ein reales Etwas ausserhalb der Einzeldinge existirte, weil alsdann diese Universalien von den mit der Materie behafteten Individuen nicht ausgesagt werden können[5]). Diese Begriffe kommen vielmehr der Natur nach jenem Sein zu, das ihr in dem Intellecte eignet. In dem Intellecte nämlich verhält sich die Natur gleichmässig zu allen Individuen, die ausserhalb seiner sind, und indem der Intellect durch einen reflexen Act die Natur in Hinordnung auf das Einzelne erfasst, stiftet er die Beziehungen der Gattung, Art und Differenz und legt sie ihr bei Der Intellect ist es also, der die Universalität in den Dingen bewirkt[6]).

---

[1]) Th. Aq. in l. de anim. II. l. 12. Vgl. Avicen. Met. tr. 5. c. 1. u. 2.
[2]) Th. Aq. S. c. gent I. c. 26.
[3]) Th. Aq. de princ. individ.
[4]) Th. Aq. S. th. p. I. q. 85. a. 3. ad 1. — in Met. V. l. 13. (Ar. 1019 a 1 ff.)
[5]) Th. Aq. de ente et essent. c. 4.
[6]) Th. Aq. a. a. O. — q. 7. de pot. a. 9.

Gilt dies nun, insofern die Universalien das Ganze ausdrücken, so können die Gattung und die Differenz auch als Theile der Definition betrachtet werden. In dieser Beziehung liess Plato das Einzelwesen (die Idee und das Sinnending) aus actuell verschiedenen und durch Theilnahme verbundenen universellen Substanzen zusammengesetzt sein, so dass z. B. Sokrates nach einer von ihm gesondert existirenden Form ein lebendes Wesen, nach einer anderen aber vernünftig genannt werde[1]). Ohne weitläufig auf die Widerlegung dieser Lehre sich einzulassen, verweist Thomas auf Aristoteles[2]) und will nur mit wenigen Worten bemerken, dass dem Einzelwesen keine Definition zukommt und dass actuell für sich bestehende Substanzen niemals eine substantielle Einheit eingehen können, wie sie doch für jegliches Wesen erforderlich sei[3]).

Aus dem Vorgetragenen erhellt, dass wir von dem Universale nach einer dreifachen Beziehung reden können. Einmal kann die universelle Natur aufgefasst werden, insofern sie von jeglichem Sein absieht, und so ist sie immerwährend, nicht als ob sie eine positive Bestimmung involvirte, die ihr ein unvergängliches Dasein verliehe, sondern weil es ihr an einem Grunde der vorübergehenden Existenz gebricht, in der universellen Natur nämlich liegt nichts, was ihre frühere oder spätere Concretion bedingte. In anderer Weise kann das Universale nach dem Sein betrachtet werden, das ihm in den Einzeldingen zukommt und so hat es immer eine Existenz, wann das Einzelding existirt, wie es auch überall dort ist, wo dieses angetroffen wird[4]). Drittens findet sich das Universale in dem Intellecte und auch so ist es immerdar, vorzüglich in dem Intellecte Gottes[5]).

---

[1]) Th. Aq. in Met. VII. l. 13. t. c. 47 (Arist. 1038 b 29) — de subst. sep. c. 11.
[2]) Arist. Met. 1040 a. u. b.
[3]) Th. Aq. de unit. intell. p. 496 — q. de anima a. 11. — in Met. VII. l. 15 et 16.
[4]) Vgl. Th. Aq. in Met. III. l. 7. „Ponentes species non ponebant eas infra coelum nec extra." „Quod species ipsae sint in sensibilibus, est contra opinionem ponentium species. Ponunt enim eas esse separatas et non esse alicubi." (Arist. Phys. 203 a 8.)
[5]) Th. Aq. Q. 5. de pot. a. 9. — in Arist. Analyt. Post. 1. l. 40.

Viertes Kapitel.
Uebergang zu der Ideenlehre des hl. Thomas.

Während Thomas dem Gesagten zufolge die Platonische Ideenlehre mit Aristoteles ablehnt, trägt er andererseits kein Bedenken, sie nach Augustinischer Weise in die engste Verbindung mit der Doctrin von den göttlichen Ideen zu setzen. Der Grund für dieses Verfahren ist darin zu suchen, dass er die Universalien nicht für blosse Erzeugnisse unseres Verstandes, sondern auch als ausserhalb der Seele existirende Realitäten ansieht und ihr sachliches Auftreten ähnlich wie Plato aus der intellectuellen Auffassung erweist. Indem wir jetzt den Weg verfolgen, welchen er hierbei einschlägt, gehen wir am besten von dem Begriffe aus, den er für ein Zeichen aufstellt.

Da das Zeichen eine Beziehung zu der Erkenntniss involvirt[1]), so hat es einen offenbarenden Charakter. Doch giebt es nicht wie das Licht durch Erleuchtung des Wahrnehmungsvermögens oder durch Beleuchtung der Gegenstände etwas bekannt, sondern dadurch, dass es dem schauenden Auge sich vorstellig macht[2]). Können wir also jedes Zeichen etwas Sachliches nennen, insofern dieser Ausdruck für alles wie auch immer Seiende gebraucht wird, so steht es doch in einer gegensätzlichen Beziehung zu der im strengen Sinne des Wortes genommenen Sache[3]). Darum bringt es immer etwas von sich Verschiedenes zur Anschauung[4]) und fällt hinweg, sobald das Object unmittelbar sich selbst der Anschauung darbietet[5]). Zu dem Begriffe eines Zeichens gehört weiter, dass es nur vorstellungsweise etwas offenbart, weil es den

---
[1]) Th. Aq. Sent. IV. d. 1. q. 1. a. 1. sol. 2. „Signum importat aliquid notum quoad nos, quo manuducimur in alterius cognitionem."

[2]) Th. Aq. in ep. S. Pauli ad Rom. 1. 7. Deus dupliciter aliquid manifestat homini sc. infundendo lumen interius et proponendo exterius signa suae sapientiae sc. creaturas sensibiles.

[3]) Th. Aq. Sent. I. d. 1. exp. text. ad 2. „Res dupliciter sumitur . . (primo) pro omni ente et sic omne signum est res . . (secundo) magis stricte pro eo, quod est res tantum et non signum et sic contra signum dividitur.

[4]) a. a. O. ad 1. „Signum . . . est institutum ad aliud significandum."

[5]) Th. Aq. Q. disp. q. 8. de verit. a. 5. ad 6.

Gegenstand, den es vergegenwärtigt, als sein Mass voraussetzt; hierin unterscheidet es sich von den Kräften, welche zwar gleichfalls etwas von sich Verschiedenes repräsentiren, aber dasselbe zugleich beleuchten[1]) und verursachen, wie die Prinzipien die Schlussfolge oder die höheren Ursachen die Wirkungen, da sie nicht wie das Zeichen in der Offenbarung von dem geoffenbarten Gegenstande abhängen, sondern vielmehr umgekehrt dieser von ihnen[2]). Dass aber das Zeichen seiner Natur nach etwas Früheres oder Späteres sei, wird zu seinem Begriffe nicht verlangt, sondern bloss, dass es früher von uns berührt und erkannt werde[3]). Wer also eine Erkenntniss neu gewinnt, dringt von der Erkenntniss des Zeichens zur Erkenntniss der Sache vor, wer hingegen eine Erkenntniss lehrend überliefert, geht von der Erkenntniss der Sache zu der von Zeichen über, durch die er sie verdeutlicht[4]). Die Bezeichnungsweise ist

---

[1]) S. Seite 88 Anmk. 3.
[2]) Th. Aq. Sent IV. d. 8. q. 2. a. 1. sol. 4. ad 1. „Conceptio animae duobus modis se habet. Uno modo ut repraesentatio rei tantum sicut est in omnibus cognitionibus acceptis a rebus et tunc veritas conceptionis praesupponit entitatem rei sicut propriam mensuram ut dicitur (Met. X. t. c. 5) et per hunc modum hujusmodi conceptionum se habent omnes locutiones quae causa significationis tantum proferuntur. Alio modo conceptio animae non est repraesentativa rei, sed magis praesignificativa sicut exemplar factivum, sicut patet in scientia practica, quae est causa rei et veritas hujus conceptionis non praesupponit entitatem rei, sed praecedit ipsam naturaliter quasi causa." Q. 7. de verit. a. 1. ad 11. „Similitudo rei est duplex, una quae est exemplaris et haec est causa rei, alia quae est exemplata et haec est effectus et signum rei."
[3]) Th. Aq. Q. 9. de verit. a. 4. ad 5.
[4]) Th. Aq. Sent. I. d. 1. exp. text. „Alius est ordo servandus in accipiendo cognitionem et tradendo. Accipiens enim cognitionem procedit de signis ad signata quasi modo resolutorio, quia signa magis sunt nota quoad ipsum, sed tradens cognitionem signorum oportet quod res ante signa manifestet eo quod signa sumuntur per similitudinem ad res, unde oportet praecognoscere ad cognitionem signorum res, ad quarum similitudinem sumuntur," q. 7. de verit. a 5. ad 2. „Repraesentare aliquid est similitudinem ejus continere. Duplex autem est similitudo. Una quae est factiva rei, sicut quae est in intellectu practico et per modum hujus similitudinis potest primum repraesentare secundum. Alia autem est similitudo accepta a re, cujus est, et per hunc modum posterius repraesentat primum et non e converso." S. S. 48.

mithin von der Erkenntnissweise bedingt¹). Wir können im Sinne des Aquinaten also dasjenige ein Zeichen nennen, was der Erkenntnisskraft etwas von sich Verschiedenes nur vorstellungsweise offenbart oder vergegenwärtigt²).
Zeichen giebt es nicht bloss in der Aussenwelt, sondern auch innerhalb der Sphäre des Denkens³). Das Erkennen beruht nämlich darin, dass das Gedachte in der denkenden Seele sich findet. Da nun das Object unseres dermaligen Wissens oftmals abwesend ist und wegen seiner Materialität mit unserem geistigen Intellecte in keinem Verhältnisse steht, so kann es nicht unmittelbar mit der denkenden Seele vereinigt werden, sondern nur vermittelst seines Begriffes, welcher durch die Denkthätigkeit formirt und hervorgerufen wird⁴). Dieser

---

¹) Th. Aq. S. th. p. I. q. 13. a. 1.
²) Th. Aq. Sent. IV. d. 1. q. 1. a. 1. sol. 1. ad 5. "Signum quantum est in se, importat aliquid manifestum quoad nos, quo manuducimur in cognitionem alicujus occulti." Q. 9. de verit. a. 4. ad 4. „Communiter possumus signum dicere quodcunque notum, in quo aliquid cognoscitur et secundum hoc
³) forma intelligibilis potest dici signum rei, quae per ipsam cognoscitur." Quodl. IV. a. 17.
⁴) Th. Aq. Q. disp. q. 8. de verit. a. 1. ad 7. „Ad cognitionem non requiritur assimilatio nisi propter hoc, ut cognoscens aliquo modo cognito uniatur. Perfectior autem est unio, qua unitur ipsa res per essentiam suam intellectui, quam si uniretur per similitudinem suam. Et ideo quia essentia divina unitur intellectui (beatorum) ut forma, non requiritur quod ad eam cognoscendam aliqua similitudine informetur, qua mediante cognoscat." S. c. gent. I. c. 53. „Intellectus per speciem rei (impressam) formatus intelligendo format in seipsa quamdam intentionem rei intellectae, quae est ratio ipsius, quam significat definitio. Et hoc quidem necessarium est, eo quod intellectus intelligit indifferenter rem absentem et praesentem, in quo cum intellectu imaginatio convenit. Sed intellectus hoc amplius habet, quod etiam intelligit rem ut separatam a conditionibus materialibus, sine quibus in rerum natura non existit, et hoc non potest esse, nisi intellectus intentionem sibi praedictam formaret. Haec autem intentio intellecta, quum sit quasi terminus intelligibilis operationis est aliud a specie intelligibili, quae facit intellectum in actu, quam oportet considerari ut intelligibilis operationis principium, licet utrumque sit rei intellectae similitudo Per hoc enim, quod species intelligibilis, quae est forma intellectus et intelligendi principium, est similitudo rei exterioris, sequitur, quod intellectus intentionem formet illi rei similem, quia quale est unum quodque, talia

formirte Begriff (conceptus) oder wie er auch sonst noch genannt wird, das ausgeprägte Gleichniss oder innere Wort, fungirt als ein Zeichen, weil er von den Dingen genommen ist und weil durch ihn oder besser in ihm das Object zur Anschauung kommt[1]). In Beziehung auf die erkennende Potenz ist er eine Form, an welcher die Denkbewegung ihre innerliche abschliessende Bestimmtheit und Vollendung findet[2]), die Species selbst, welche dem Intellecte die Einsicht verleiht[3]). Er repräsentirt immer etwas von sich Verschiedenes, denn der Intellect bleibt bei ihm nicht stehen, sondern bedient sich seiner wie eines Instrumentes, um zur Erkenntniss der Sache zu kommen[4]). Von dieser Seite angesehen, deckt sich der formirte Begriff mit dem äusserlichen erkannten Objecte nicht, da beide im umgekehrten Verhältnisse zu einander stehen und der eine bloss das Repräsentirende und das andere das Repräsentirte ist[5]). Doch gehört der formirte Begriff nicht zu den Zeichen,

---

operatur. Et ex hoc quod intentio intellecta est similis alicui rei, sequitur, quod intellectus formando hujusmodi intentionem rem illam intelligat."— S. c. gent. IV. c. 11. — Op. 13. et 14.

[1]) Th. Aq. Op. 14.

[2]) Th. Aq. S. th. p. I. q. 14. a. 5. ad 2. „Intellectum est perfectio intelligentis, non quidem secundum suam substantiam, sed secundum suam speciem, secundum quam est in intellectu, ut forma et perfectio ejus." S. auch ebendort ad 3.

[3]) Th. Aq. Sent. I. d. 27. q. 2. a. 2. sol. 1. „Conceptio intellectus est vel operatio ipsa, quae est intelligere vel species intellecta. Unde oportet quod verbum vel dicatur ipsa operatio intelligendi vel ipsa species, quae est similitudo rei intellectae, et sine utroque istorum non potest quis intelligere, utrumque enim istorum est id, quo quis intelligit formaliter."

[4]) Th. Aq. Quodl. V. a. 9. ad 1. „Intellectus intelligit aliquid dupliciter: uno modo formaliter et sic intelligit specie intelligibili, qua fit in actu; alio modo sicut instrumento quo utitur ad aliud intelligendum, et hoc modo intellectus verbo intelligit, quia format verbum ad hoc, ut intelligat rem." Sent II. d. 12 a. 3. ad 5. „Potest intellectus converti ad speciem, quam apud se habet, dupliciter: aut considerando ipsam secundum quod est ens quoddam in intellectu et sic cognoscit de ea quod est intelligibile vel universale vel aliquid hujusmodi, aut secundum quod est similitudo rei et sic intellectus consideratio non sistit in specie, sed per speciem transit ad rem, cujus est similitudo."

[5]) Vgl. S. 20. Amk. 1.

die erst in sich erkannt werden müssen, um zur Erkenntniss der Sache zu führen, sondern er verdoppelt weder die Erkenntniss noch das Erkannte [1]). Denn das, worin etwas angeschaut wird, ist der Erkenntnissgrund des in ihm Angeschauten. Der Erkenntnissgrund ist aber die Form des erkannten Gegenstandes nach seinem Gedachtsein, weil durch ihn die Erkenntniss actualisirt wird. Wie nun aus der Form und Materie eine Einheit im Sein resultirt, so bildet der Erkenntnissgrund und der erkannte Gegenstand nur ein Object, und darum ist es auch nur ein einziger Act, wodurch beides in diesem Betracht erkannt wird, weil die Einheit und Verschiedenheit des Actes sich nach der Einheit und Verschiedenheit des Objectes richtet [2]). Wenn Thomas also den formirten Begriff, ja das Erkennen selbst [3]) dasjenige nennt, was erkannt wird, so heisst das nicht, dass jedes von beiden als ein Object aufgefasst werde, wozu ein reflexer Act nothwendig ist, sondern dass es als der Grund erkannt wird, welcher das Object als ein erkanntes constituirt. In dieser Hinsicht nun fällt der formirte Begriff mit dem innerlich erkannten Objecte völlig zusammen [4]). Man kann also von ihm sagen, dass er in der Mitte zwischen dem Intellecte und dem äusseren Gegenstande steht, dass er sowohl das formale Mittel abgiebt, wodurch der Intellect die Sache ergreift, als auch dass er innerhalb der Sphäre des Denkens als das Erkannte ihm gegenüber steht [5]). Wie wir an einer

---

[1]) Vgl. Avicen Log. p. 1. f. 6. „Id ex quo aliud scitur, est id quod per se scitur et fit pars ostendendi aliud, cui cum adjuncta fuerit alia pars, pervenietur ad cognitionem alterius, quod jam cognitum fuerat nunquam ante illud. Quod autem scitur cum aliquo est id quod, cum perfecta fuerit cognitio rei ex conventu ostendentium rem, simul sicut res etiam scietur."

[2]) Th. Aq. Sent. III. d. 14. q. 1. a. 1. sol. 4.

[3]) Th. Aq. Sent. I. d. 10. q. 1 a. 5. ad 2. „Non alio actu potentia fertur in objectum et in actum suum, eodem enim actu intellectus intelligit se et intelligit se intelligere."

[4]) Th. Aq. S. c. gent. IV. c. 14. „Verbum nostri intellectus ex ipsa re intellecta habet, ut intelligibiliter eamdem naturam numero contineat. Vgl S. 20 Amk. 1.

[5]) Th. Aq. Q. 4. de verit. ad 2. ad 3. „Conceptio intellectus est media inter intellectum et rem intellectam, quia ea mediante operatio intellectus pertingit ad rem, et ideo conceptio intellectus non solum est

aus Stein gefertigten Statue eines Menschen ein dreifaches unterscheiden können: den steinernen Körper, das Bild, welches sie zur Schau trägt und den Menschen, welchen dieses Bild vergegenwärtigt, so unterscheidet Thomas an dem formirten Begriff die intelligibele Species als etwas Gegenständliches (res) und Zuständliches (accidens) in der Seele oder als die Einsicht (notitia) selbst, das Gleichniss des erkannten Gegenstandes, welches in dieser Species ausgeprägt liegt und mit ihr das innerlich erkannte Object bildet, und den äusseren Gegenstand, dessen Abbild eben jenes Gleichniss ist [1]).

Der formirte Begriff ist nämlich keineswegs eine blosse Fiction unseres Intellectes, weil es sonst um die Wahrheit unserer Erkenntnisse geschehen wäre [2]), sondern findet sich auch in den äusseren Dingen vor, nicht als ob die Auffassung selbst, für welche der besondere Name Erkenntniss aufgebracht ist, oder die Auffassungsweise, welche durch den Namen Definition oder die grammatischen Namen der Wörter ausgedrückt wird, in den Dingen wäre (wie Plato wollte, d. h. nicht als ob die Substanz der sinnfälligen Dinge eine Intelligenz wäre oder das Gedachtwerden, das Definirtwerden einen ihrer wesentlichen Bestandtheile bildete, da sie als solche keine Veränderung erleidet, ob sie definirt wird oder nicht, und wenn sie definirt wird, die Definition eine zuständliche Bestimmung ist, welche ihr nur in unserem

---

id, quod intellectum est, sed etiam id, quo res intelligitur, ut sic id quod intelligitur possit dici et res ipsa et conceptio intellectus."

[1]) Th. Aq. Sent. I. d. 27. q. 2 a. 3 „Quamvis aliquid sit species vel similitudo alterius, non tamen oportet, quod semper, quandocunque convertitur in speciem, convertatur in illud, cujus est species vel similitudo, quia in speciem vel imaginem contingit fieri conversionem dupliciter: vel secundum quod est species talis rei et tunc est eadem conversio in rem et speciem rei, vel in speciem secundum quod est res quaedam et sic non oportet, quod eadem conversione convertatur quis per intellectum in speciem rei et in rem, sicut quando aliquis considerat imaginem inquantum est corpus lapideum vel inquantum est similitudo Socratis."— Sent. II. d. 12. a. 3. ad 5. — S. Quodl. VII. a. 4. „Utrum notitia, quae ab Augustino dicitur proles mentis, sit in mente sicut accidens in subjecto."

[2]) Th. Aq. I Sent. d. 30. a. 3. ad 1.

Intellecte zustösst), sondern insofern in ihnen etwas ist, was der Auffassung wie das Bezeichnete dem Zeichen entspricht. Das in oder an einem Worte Erfasste ist nun entweder das Gleichniss eines äusseren Dinges, und dann findet dieses Erfassen in dem Dinge unmittelbar seine Grundlage, insofern es durch seine Gleichförmigkeit mit dem Intellecte die Wahrheit desselben bewirkt — oder es ist nicht das Gleichniss eines äusseren Dinges, sondern etwas, das der Auffassungsweise folgt, wie die Intention der Gattung und Art, und dann ist es ein Machwerk des Intellectes; geht dieses nun gleich aus dem Intellecte selbst hervor, so hat es doch sein entfernteres Fundament in dem Dinge[1]). Wir können also die Gattungs- und Artnatur an sich betrachten, insofern sie in den Einzeldingen ist, und nach dieser Auffasung wird sie als das formale Prinzip derselben angesehen. Denn die Einzelheit des Dinges gründet in seiner Materie, der Artbegriff hingegen in seiner Form, die Gattungsnatur aber steht zu der Artnatur in dem Verhältnisse eines materiellen Prinzipes, weil sie dem Materiellen, diese aber dem Formellen entlehnt wird. Ebendesswegen ist die Absicht der Natur in letzter Instanz auf die Erhaltung nicht des Individuums, sondern der Art gerichtet, denn die Form ist das Ziel des Werdens, während die Materie nur wegen der Form da ist[2]).

---

[1]) Th. Aq. Sent. I. d. 2. q. 1. a. 3. — d. 19. q 5. a. 1. —
[2]) Th. Aq. S. th. p. I. q. 85. a. 3. ad 4. - S. oben S. 22 Amk. 2 — Th. Aq. in Met. VII. l. 13. „Universale potest accipi pro ipsa natura, cui intellectus attribuit intentionem universalitatis et sic universalia ut genera et species substantias rerum significant et praedicantur in quid." — in Met. III. l. 10. in fin. „Secundum hoc genera vel species universalia principia (a Platone) ponebantur, in quantum ponebantur separata. Qud autem non sint separata et per se subsistentia, ostendetur in septimo libro hujus. Unde et Commentator in octavo (Averrois in Met. VIII. t. c. 6 et 7. f. 214 — I. t. c. 17. f. 14. Venetiis 1562) ostendit, quod principia rerum sunt materia et forma, ad quorum similitudinem se habet genus et species. Nam genus sumitur a materia, differentia vero a forma. .. Unde cum forma sit magis principium quam materia, sec. hoc etiam erunt species magis principia quam genera. Quod vero contra objicitur ex hoc, quod genera sunt principia cognoscendi speciem et definitiones ipsius, eodem modo solvitur sicut et de separatione. Quia enim separatim accipitur a ratione genus sine speciebus, est prin-

Aus dieser Lehrmeinung ergeben sich folgende Uebereinstimmungen und Unterschiede zwischen den Satzungen Platos und der Doctrin des hl. Thomas.

Der Gattungs- und Artbegriff kommt durch die Abstraction des Universellen von dem Partikulären, der Unterschied zwischen der Materie und Form aber durch die Art von Abstraction, die im strengen Sinne Trennung heisst, zu unserer Kenntniss[1]). Während Plato nun beide Abstractionsweisen vermengte und den Artbegriff der Form gleichsetzte, legt Thomas dagegen Verwahrung ein, den Gattungsbegriff mit der Materie und den Artbegriff mit der Form direct zu identificiren, da sowohl der Gattungs- als auch der Artbegriff das ganze Ding ausdrücke, Materie und Form aber nur je einen Theil desselben ausmachten, und weist darauf hin, dass der Gattungsbegriff von der Materie und der Artbegriff von der Form als ihren Prinzipien nur abgeleitet würden[2]).

Wie Plato lässt er den Begriffen unseres Verstandes etwas Sachliches gegenüberliegen, nicht aber etwas, das ihnen adäquat wie die substantiirten Ideen, sondern das ihnen wie der in umgekehrter Weise sich verhaltende, in den Einzeldingen sich verwirklichende Begriff entspricht.

Die mit der Materie verbundenen Formen sind nicht, wie Plato lehrte, actuell, sondern nur potentiell intelligibel[3]).

Wie die Ideen, so machen sich auch die Einzeldinge als die Ursache unserer Erkenntniss geltend, doch üben sie

---

cipium in cognoscendo. Et eodem modo esset principium in essendo, si haberet esse separatum."

[1]) Th. Aq. de trin. q. 5. a. 4. ad 4. „Materia et forma (sunt partes) . . quarum una se habet ad aliam ut potentia ad actum. Quod autem potest esse, potest etiam non esse, et ideo possibile est, unam partem inveniri cum alia et sine alia " Vgl. Frhr. v. Hertling, Materie und Form, S. 48 ff.

[2]) Th. Aq. de ente et essentia c. 6. de spirt. creat a. 1. ad 24. — Vgl. in Met. VIII. l. 9. „Nulla materia nec communis nec individualis secundum se se habet ad speciem, prout sumitur pro forma. Sed secundum quod species sumitur pro universali . . sic materia communis per se pertinet ad speciem, non autem materia individualis."

[3]) Th. Aq. Sent. II. d. 3. q. 1. a 1. — III. d. 14. a. 1. sol. 2. ad 2. — S. th. p. I. q. 79. a. 3.

ihre Causalität nicht unmittelbar, sondern vermittelst der Operation des thätigen Verstandes aus[1]). Von den aus der Sinnenwelt herrührenden und die potentiell intelligibele Natur des Dinges in sich schliessenden Phantasmen wird durch die Kraft des thätigen Verstandes eine intelligibele Species abstrahirt und dem denkfähigen Verstande eingeprägt. In der Denkoperation nimmt sie die Stelle eines formalen Prinzipes ein, denn sie erhebt den denkfähigen Verstand nicht bloss zu einem actuellen, so dass aus ihm der Erkenntnissact hervorquillen kann, sondern sie bestimmt ihn auch, nicht etwa eine beliebige Natur, sondern gerade die zu erfassen, deren Gleichniss sie ist[2]).

Das Object unserer Erkenntniss ist die nicht etwa von der Materie getrennt (S. S. 21), sondern die in der Materie existirende Wesenheit oder Form, nur nicht insofern sie in derselben existirt[3]).

Mit der Ansicht des attischen Philosophen, die menschlichen Worte seien der unmittelbare Ausdruck für die Einzelwesen (Ideen)[4]), will Thomas sich zwar nicht befreunden, sondern mit Aristoteles festhalten, dass weil die Wesenheit des Sinnfälligen von allem Zubehör losgewunden nicht in der Naturwirklichkeit, sondern nur in dem Intellecte angetroffen werde, unsere Sprache unmittelbar den formirten Begriff unseres Verstandes und vermittelst seiner die Dinge bezeichnet[5]). Doch wie er diese Formel versteht, liegt in ihr eine Modification der Lehrmeinung Platos. Da nämlich nichts zugleich Zeichen und bezeichnete Sache als nur unter verschiedenem Gesichts-

---

[1]) Th. Aq. Q. 22. de verit. a. 5. ad 10.

[2]) Th. Aq. de unit. intell. p. 487. — S. c. gent. I. c. 53. — Q. 10. de verit. a. 4. — Quodl. VIII. a. 4.

[3]) Th. Aq. S. th. p. I. q. 85. a. 1. — in Arist. l. de anima III. l. 8. — Vgl. Albert. M. I Poster. tr. 1. c. 3. Vol. I. p. 518.

[4]) S. Boethii in Arist. l. de interpr. exp. ed. sec. Migne Par. 1847. p. 406. „Alii incorporeas quasdam naturas meditabantur, quarum essent significationes, quaecunque vocibus designarentur, Platonis . . species incorporeas aemulati . . quas ad significandum primas venire putabant."

[5]) Th. Aq. in l. Periherm. I. l. 2. — Q. 9. de pot. a. 5. „Vox exterior significat . . conceptum intellectus, quo mediante significat rem."

punkte sein kann, wie dem Sohne nicht als einem Sohne, wohl aber als einem Vater ein Sohn zukommt, so sind die lautbaren Worte Zeichen für den formirten Begriff, nicht insofern er als ein Zeichen, sondern als eine Realität auftritt, welche dem äusseren Worte wie das Sein so auch die Kraft zu bezeichnen verleiht[1]). Unfähig, selbst das Erfasste nach aussen hin zu offenbaren, bedient der formirte Begriff sich hierzu des äusseren Wortes als eines Ersatzes, so dass dieses sowohl das Prinzip ausdrückt, dem es als Werkzeug dient, als auch die Sache, mit deren Offenbarung es betraut ist. Die Worte bezeichnen also vermittelst der begrifflichen Auffassung als des primär Bezeichnenden, die Dinge aber bezeichnen sie als das Bezeichnete unmittelbar[2]), und zwar repräsentiren sie diese nach ihrem Gedachtsein d. h. insofern diese actuell gedacht sind, nicht aber als ob das Gedachtsein die repräsentirte Sache wäre, da hierfür, wie Thomas ausdrücklich bemerkt, die Sprache besondere Worte ausgeprägt hat.

Während Plato von dem Universale schlechthin behauptete, dass es früher als das Einzelne sei, muss die Natur des erkannten Dinges selbst, wie sie in dem Partikulären existirt, in Beziehung auf die Erkenntniss, welche durch die Er-

---

[1]) Th. Aq. Sent. IV. d. 8. q. 1. a. 2. sol. 1. ad 1. „Oppositae relationes possunt inesse eidem respectu diversorum, eo quod esse relativi est ad aliquid se habere, non autem proprietates absolutae; et ideo in relativis contingit aliquid disponi per aliquid sui generis per accidens et non per se, sicut filii est filius non inquantum filius, sed inquantum pater. Et similiter signi potest esse signum, inquantum est signatum." Sent. I. d. 1. exp. text. ad 1. „Signum est quod est institutum ad aliud significandum, res autem est, quae habet absolutam significationem, non ad aliud relatam Unde non est inconveniens, quod idem sit signum et res respectu diversorum." Q. 4. de. verit. a. 1. ad 7. „Quando effectus habet a causa non solum quod sit, sed etiam quod significet, tunc sicut causa est prius quam effectus in essendo, ita in significando, et ideo verbum interius per prius habet rationem significationis quam verbum exterius, quia verbum exterius non instituitur ad significandum nisi per interius verbum."

[2]) Th. Aq. S. c. gent. IV. c 11. „Intentio intellecta est similitudo conepta intellectu de re intellecta, quam voces exteriores significant."

scheinung zum Wesen des Dinges vordringt, das Spätere genannt werden, in der Erkenntniss aber, von welcher das Dasein der Dinge bedingt ist, liegt sie als das Frühere vor, und eben desswegen auch der Begriff, durch welchen sie erkannt wird[1]). Wenn nun das von dem Intellecte erfasste Gleichniss nicht von den Dingen verursacht ist, sondern umgekehrt als die Ursache des Dinges auftritt, wie das im Geiste des Künstlers entworfene Urbild, wodurch er das Werk, das er schaffen will, erkennt und verwirklicht, so nennt Thomas diesen bildenden Gedanken eine Idee[2]).

Doch müssen wir den Begriff einer Idee im Sinne des Aquinaten genauer entwickeln, um ihn mit demjenigen vergleichen zu können, welchen Plato je nach dem Berichte des Augustinus und Aristoteles von ihr aufstellt.

---

[1]) Th Aq. S. th. p. I. q. 85. a. 3. ad. 4. „Non oportet quod cujuslibet causae vel principii cognitio sit posterior quoad nos, cum quandoque cognoscamus per causas sensibiles effectus ignotos, quandoque autem e converso." Vgl. in Ethic. Nicom. 1. 1. 4. (Arist 1095 a 30). — Q. R. de verit. a. 9. ad 6. „Verbum Philosophi (universale nihil est aut posterius) est intelligendum de universali secundum quod est in comprehensione nostra, qua comprehendimus res naturales, hoc enim est a rebus naturalibus acceptum. Sed universale etiam in nostra comprehensione existens respectu artificialium non est posterius, sed prius quia per formas artis universales apud nos existentes artificiata producimus."

[2]) Th. Aq. Quodl. VIII. a. 3.; a. 1. in fin. —S. c. gent. IV. c. 11. — Q. 3. de verit. a. 1 — Vgl. Avicen. Met. tr. 8. c. 7. f. 100. v. a „Intentio intellecta aliquando sumitur de re, quae est . . . et aliquando . . non sumitur de his, quae sunt, sed e converso, sicut nos intelligimus formam artificialem, quam adinvenimus et deinde forma intellecta movet nostra membra ad hoc, ut sit in opere, igitur non quia fuit ipsa, deinde nos intelleximus eam, sed quia intelleximus, fuit ipsa. — S. Log. III. f. 12. v. a. — Averrois Destructio destructionum, disp. 3. f. 59. — Augustini l. de civ. Dei XI. c. 10. „Quoniam Deus non aliquid nesciens fecit, quod nec de quolibet homine artifice recte dici potest, porro si sciens fecit omnia, ea utique fecit, quae noverat. Ex quo occurrit animo quiddam mirum, sed tamen verum, quod iste mundus nobis notus esse non potest, nisi esset, Deo autem nisi notus esset, esse non posset."

Fünftes Kapitel.
Begriff und Dasein der Ideen.

Thomas giebt das Wort εἶδος lateinisch mit forma oder species wieder[1]). Damit aber eine Form auf den Namen einer Idee Anspruch erheben könne, verlangt er vor allem von ihr die Erfüllung dreier Bedingungen. Erstens muss sie zu dem Dinge, dessen Idee sie ist, in dem Verhältnisse der Synonymie stehen. Mithin dürfen wir diejenige Form, auf Grund deren ein Ding seine eigenthümliche Wirksamkeit ausübt, nicht als eine Idee bezeichnen. Die vorkommenden Missgeburten und die von höheren, überlegenen Ursachen ausgehenden Erfolge zeigen nämlich deutlich, dass nicht immer das Product mit der Form seiner Wirkursache synonym ausfällt. Zweitens muss die Form als eine Idee unabhängig von dem Dinge existiren, dessen Form sie ist. Es besteht also ein Unterschied zwischen der Idee und derjenigen Form, welche als innerliches Princip dem Dinge Wesenheit und Sein verleiht. Wenngleich diese Form in Wahrheit die Form des Dinges ist, so pflegt sie doch nicht eine Idee genannt zu werden. Drittens muss die Idee als eine solche Form auftreten, mit Bezug auf welche etwas gestaltet wird, d. h. sie muss das Vorbild sein, nach dessen Aehnlichkeit etwas constituirt wird. Zur Bezeichnung einer derartigen Form ist der Name Idee (von Plato) ausgeprägt worden, so dass wir die Idee kurz eine Form nennen können, welche ein Ding nachbildend darstellt.

Während Thomas diese drei Bedingungen dem Plato schuldet, verwerthet er in dem weiteren Verlaufe der Erklärung, welcher Begriff mit dem Namen einer Idee zu verknüpfen sei, eine Eintheilung, welche Aristoteles von dem Werden gibt. Alles Werden ist theils von Natur, theils durch Kunst, theils durch Zufall[2]). In seiner Bearbeitung der Aristotelischen Metaphysik erklärt er diese Eintheilung dichotomisch. Die Ursache in der Entstehung eines Dinges ist entweder eine Ursache an sich oder eine Ursache per

---

[1]) Die Wurzel des Wortes ἰδέα, εἶδος ist im Sanskr. vid, im Griech. ἰδ-Fιδ, im Lat. vid., im Goth. vi-tan, im Ahd. wiz-an, im Nhd. wiss-en.
[2]) Arist. Met. 1032 a 12.

accidens. Die Ursache an sich liegt als das Prinzip der Bewegung entweder in demjenigen, in welchem diese verläuft, oder ausserhalb desselben. Im ersten Falle ist sie Natur, im andern hingegen Kunst, denn Natur ist das Prinzip der Bewegung in demjenigen, welchem dieser Zustand ursprünglich zukommt, die Kunst hingegen liegt nicht in dem Werke, welches ihr seine Entstehung verdankt, sondern in etwas anderem. Die Ursache per accidens ist entweder Glück oder Zufall, beides wird unter dem ‚an sich Verfehlten' ($ταυτόματον$) begriffen, weil verfehlt dasjenige genannt wird, was zwar auf einen Zweck hingeordnet ist, diesen aber nicht erreicht[1]). Da das Glück in dem Bereiche des menschlichen Wirkens auftritt, der Zufall aber in dem Gebiete der Natur[2]), und Thomas nur von den Ideen der Naturwesen redet, so brauchte er das sich durch Glück Ereignende nicht zu berücksichtigen. — Desgleichen verwendet er die Lehre des Aristoteles, dass die vernünftigen Kräfte sich auf Entgegengesetztes gleich sehr richten, die vernunftlosen aber nicht, jene seien mithin frei, diese aber gezwungen[3]), und dass die vernunftlose Natur, wenngleich sie mit sich selbst nicht zu Rathe gehe, doch wegen eines Zweckes sich bethätige[4]).

Dem Gesagten zufolge erwägt er nun den doppelten Fall, dass etwas eine Form zufällig oder in Folge einer Absicht nachbildend darstelle. Liegt das erste vor, so kann man nicht sagen, dass das Ding mit Rücksicht auf jene Form gestaltet sei, da diese Redewendung die Hinordnung auf einen Zweck zum Ausdrucke bringt. Wohl aber heisst die Idee eine Form, mit Rücksicht auf welche etwas gestaltet wird. Soll also von einer Idee gesprochen werden, so darf ein Ding sie nicht etwa per accidens, sondern es muss sie auf Grund einer Absicht nachbildend darstellen. Die Bethätigung um eines Zweckes willen kann aber in doppelter Weise statthaben: entweder bestimmt das wirkende Wesen wie das durch Intelligenz sich auszeichnende sich selbst den Zweck, oder der

---

[1]) Th. Aq. in Met. VII. 1. 6. — XII. 1. 3. —
[2]) Th. Aq. in Met. XI. 1. 8.
[3]) Arist. Met. IX. 1050 a. — Th. Aq. Q. 1. de virt. a. 8.
[4]) Arist. Phys. 199 b 26.

Zweck ist dem wirkenden Wesen von einem anderen, überlegenen Wirker bestimmt. In letzterer Weise setzt die Naturwirksamkeit ein intelligentes Wesen voraus, welches ihr Richtung und Ziel vorschreibt, so dass mit Recht das Werk der Natur ein Werk der Intelligenz genannt wird. Wenn also etwas nach dem Gleichniss eines anderen hervorgebracht wird, ohne dass das Hervorbringende sich selbst den Zweck leiht, dann dürfen wir die nachgebildete Form nicht als eine Idee bezeichnen. Man sagt nämlich nicht von der Form des Erzeugers, sie sei die Idee des Erzeugten, sondern die nachgebildete Form heisst nur dann eine Idee, wenn das zweckvoll Wirkende sich selbst den Zweck vorschreibt, sei es, dass jene Form von ihm selbst entworfen ist oder anderweitig vorliegt. Wollen wir also die Idee definiren, so ist sie eine Form, welche ein Ding nach der Absicht des sich selbst den Zweck setzenden Wirkers nachbildend darstellt.

Es erhellt mithin, dass weder in der Lehre von der zufälligen Entstehung der Welt noch in der Lehre von dem natürlichen Ausfluss der Dinge aus Gott von Ideen die Rede sein kann. Aber beide Lehren sind zu verwerfen, jene, weil die Natur immer oder doch meistentheils in der nämlichen Richtung sich äussert, und was immer oder doch gewöhnlich geschieht, nicht auf den Zufall zurückgeführt werden kann, der nur in den seltensten Fällen gleichmässig auftritt[1]), diese aber, weil das nach Zwecken wirkende, nicht aber sich selbst den Zweck bestimmende Wesen ihn von einem übergeordneten Wirker vorgeschrieben erhält, Gott also nicht die erste Ursache wäre, für welche ihn doch alle halten. So verwarf Plato die Ansicht derer, die in der Natur entweder wie die Epicuräer (Atomisten) das Werk eines regellosen Zufalls oder wie Empedokles und andere das blinde Wirken einer Nothwendigkeit erblickten, und stellte die Lehre von den Ideen als die richtige auf[2]). Aber weil die Musterform oder Idee

---

[1]) Vgl. Arist. Phys. II. c. 5. Th. Aq. in Phys. II. l. 8.

[2]) Diese Notiz scheint der Chronik des Helinand entnommen zu sein. S. Vincent. Burg. Spec. majus. tom. 1. (Venet. 1591) f. 6. v. 8.— Vgl. Averr. in Met I. t. c. 6. f. 8. Vol. 8. „Vocavit Plato ideas formas et exemplaria, sc. formas rerum sensibilium et exemplaria naturae, quae

im gewissen Sinne auch zu der Zweckursache gerechnet wird, und wenn sie in der äusserlichen Welt vorliegt, der Künstler die Form, nach welcher er arbeitet, ihr entlehnen muss, Gott aber der Zweck seines Wirkens selbst ist, so können wir Christen Ideen nur in dem Verstande Gottes annehmen, nicht aber (wie Plato) Ideen, die ausserhalb seiner sich vorfänden.

Dass Thomas mit dieser in dem ersten Artikel der dritten Untersuchung über die Wahrheit gegebenen Darstellung der Platonischen Doctrin nicht auf dem Boden der Auffassung des Aristoteles steht, welche er in den oben angezogenen Stellen vertritt, bedarf keiner besonderen Versicherung. Dort fand er es von Plato höchst thöricht, die ewigen, immateriellen Ideen und die vergänglichen, sinnfälligen Dinge als identische Naturen zu erklären, hier aber, wo er die Platonischen Ideen mit den göttlichen vergleicht, muss er wohl dasselbe von ihnen sagen, was er von diesen lehrt, dass sie zwar mit den nach ihnen gebildeten Dingen ein und desselben Begriffes seien, die Verschiedenheit ihrer Seinsweise aber ihre synonyme Prädikation von den letzteren verbiete [1]). Dort tadelte er Plato, weil er das, was das Wesen des Sinnfälligen ausmache, von diesem habe gesondert bestehen lassen, hier aber stellt er seine Ansicht dahin fest, dass die substantiale Form den Dingen einwohne, und die Idee nicht als ihr Wesen, sondern als ihre Ursache von ihnen getrennt existire [2]). So schreibt er ihm auch den Lehrsatz zu, dass die Antheilnahme an der Idee durch ein von ihr abgeleitetes Gleichniss in dem antheilnehmenden Dinge sich vollziehe [3]). Wenn er endlich die

---

conspicit (s. Seite 64 f.) sicut artifex inspicit formas artificiati, et si non, tunc quodlibet esset a quolibet, et non esset ex spermate hominis homo semper, neque a spermate equi equus semper."

[1]) Th. Aq. Q. 7. de pot. a. 7. — Vgl. Aug. in Ps. 61. n. 18.

[2]) Vgl. Eustrat. in Arist. Mora. I. c. 6. f. 13. v. a. „Etiam natura ipsa forma est, ejusmodi tamen, ut a corporibus separari minime possit .... species vero, quas ideas vocant (Plat.) non ita, sed rationes esse affirmant, quae ... omnes naturas prorsus superexcedant, sintque quasi numerus quidam divinus, quo veluti exemplari opifex materialia efficiat."

[3]) Th. Aq. S. th. p. I. q. 84. a. 4. — Vgl. Aug. de civ. Dei VIII. c 6. „Viderunt Platonici omnem speciem in re quacunque mutabili,

Platonische Idee als die Musterursache erklärt, so definirt er sie in seinem Commentare zu der Aristotelischen Metaphysik zwar gleichfalls als eine Form, nach deren Aehnlichkeit die Sinnendinge constituirt würden, aber indem er hinzufügt, sie werde das specifische Wesen genannt, insofern sie ihnen das substantiale Sein verleihe, deutet er hinreichend an, dass er die Constituirung des Dinges durch die Idee im formalen Sinne verstehe [1]).

Indessen kündigt sich jene Erörterung über den Begriff und das Dasein der Ideen als eine schulgerechte Entwickelung der Auffassung an, welche Augustinus über die Lehre Platos verbreitet. Wofür Plato zuerst das Wort Idee ausgeprägt habe, äussert sich dieser grosse Bischof von Hippo, sei schon in der Philosophie vor ihm, wenn auch unter einer anderen Bezeichnung bekannt gewesen [2]). In den Ideen nämlich liege eine solche Kraft, dass ohne Einsicht in dieselben keiner auf den Namen eines Philosophen Anspruch machen könne. In wörtlicher Uebertragung sei das Wort Idee lateinisch mit forma oder species wieder zu geben, wolle aber jemand das Wort ratio wählen, so könne das ohne Irrthum geschehen [3]). Was nun aber das Wesen selbst anbetrifft, so identificirt Augustinus die Ideen, von welchen Plato redet, und die Ideen im christlichen Sinne; er definirt diese wie jene als feste und unveränderliche Urformen (Formen der Formen) und Urgründe der Dinge (rationes, mit diesen also synonyme Formen), welche in dem Verstande Gottes vorliegen und immer und ewig sich gleichmässig verhalten. Selbst zwar, sagt er, sind sie nicht geformt und dem Entstehen und Vergehen unterworfen, aber nach ihrer Aehnlichkeit (als dem Musterbilde) wird alles geformt,

---

qua est quidquid illud est, quoquo modo et qualiscunque natura est, non esse posse nisi ab illo, qui vere est, quia incommutabiliter est."

[1]) S. S. 21. Amk 1.

[2]) Aug. denkt wohl an die Pythagoreer, Heraklit, besonders aber an Anaxagoras. Vgl. Plat. Cratyl. 413. C. — Phaedr. 270. A. — Phaed. 97 C D. — Arist. Met. 984 a. 985 a. — Vgl. Breier: d. Philos. des Amaxag. v. Kl. S. 89 ff.

[3]) Thomas nennt die Ideen auch intentiones intellectae. S. c. gent. I. c. 53. — S. Avicennae Met. tr. 8. c. 7. f. 100.

was entstehen und vergehen kann, und alles, was entsteht und
vergeht (die Form der Dinge, durch welche als das innerliche
formale Prinzip diese geformt werden, sind von den ungeformten
Ideen verschieden). Nachdrücklich hebt er das Wohnen der
Ideen in dem Verstande Gottes hervor. Nicht schaute der
Schöpfer, als er die Welt hervorrief, auf etwas, das ausserhalb
seiner vorgelegen hätte, das zu behaupten, verstösst gegen den
Glauben. Wenn nun also diese Urgründe der zu schaffenden
und geschaffenen Dinge in dem göttlichen Verstande ruhen,
und alles, was dort sich vorfindet, ewig und unwandelbar ist,
und Plato diese Urgründe der Dinge Ideen nennt, so giebt es
nicht bloss Ideen, sondern sie haben auch wahrhaft das Sein,
weil sie ewig sind und ohne Veränderung sich gleich bleiben,
aber durch Theilnahme an ihnen wird, damit es sei, was
immerhin ist und wie es auch sein mag [1]). Jene ewigen und
unveränderlichen Urgründe, wodurch Gott die Welt erschuf,
nannte Plato die intelligibele Welt. Wer diese in Abrede
stellt, kommt nothwendig zu der Behauptung, Gott habe bei
seinem Schaffen vernunftlos (ohne selbstgestellten Zweck) ge-
handelt und vor wie auch während seines schöpferischen
Wirkens (wie die Natur) nicht gewusst, was er thue [2]). So
Augustinus. Nur in einem Punkte fühlt sich Thomas mit
ihm in Widerspruch, er verweist die Ideen Platos nicht in den
Verstand Gottes, sondern lässt sie für sich existiren. Aber wegen
des grossen Ansehens, welches dieser Kirchenvater im Mittelalter genoss, sieht er sich veranlasst, die Abweichung von ihm
zu motiviren. Augustinus, schreibt er, verehrte in Plato seinen
Lehrer und Meister, aber seiner eigenen Mahnung zufolge, das
Wahre, welches bei den heidnischen Philosophen sich finde,
sei von ihnen wie von ungerechten Besitzern zurückzufordern
und in den Dienst des Glaubens zu stellen, eignete er sich
die zu Gunsten des Christenthums sprechenden Elemente der
Platonischen Philosophie einfach an, diejenigen hingegen, die
mit dem Glauben in Widerspruch stehen, deutete er um. Da

---

[1]) Aug. de div. quaest. 83. q. 46.
[2]) Aug. Retract. I. c. 3. — De civ. Dei XII. c. 26. „Deus quod
assidue Plato commemorat, sicut universi mundi ita omnium animalium
species aeterna intelligentia continebat."

aber die Lehre, als existirten die Formen der sinnfälligen Dinge auf immaterielle Weise für sich und als seien sie gleichsam schaffende Mächte, mit dem christlichen Glauben nicht im Einklang steht, so erklärte er die Ideen Platos als die Formalursachen und Gründe, welche in dem Verstande Gottes vorliegen und nach denen die Dinge geschaffen sind [1]). — Thomas scheint also der Meinung zu sein, Augustinus habe sich mit jenen Worten, Gott habe bei der Gründung der Welt nicht etwa auf ausserhalb seiner liegende Ideen geschaut, gegen Plato gewendet, dass dies aber nicht der Fall ist, erhellt aus den unmittelbar folgenden Worten.

Sechstes Kapitel.
Vielheit der Ideen.

Hat uns Thomas darüber unterrichtet, wie er die Stellung des Augustinus zu der Lehre Platos ansieht, so dürfen wir von ihm wohl auch eine Aufklärung über den Standpunkt erwarten, welchen Aristoteles seiner Meinung nach zu derselben einnimmt, und wirklich finden wir in seiner Erörterung über die Vielheit der Ideen und ihres Verhältnisses zu der Einfachheit Gottes eine dahin gehende Bemerkung.

Dass ein Reichthum von Ideen in Gott angenommen werden müsse, steht ihm den Bedenken der Araber gegenüber ausser allem Zweifel. Da jede Wirkung zum Abschluss und zur Vollkommenheit gebracht ist, sobald sie erreicht, was der Hauptwirker in erster Linie beabsichtigt, das Beste in der Welt aber das Gute ausmacht, welches in der Ordnung des Universums liegt, und diese nicht ein Werk des Zufalls, sondern der eigentlichen Absicht Gottes ist, so muss es in ihm auch eine Idee der Weltordnung geben. Der Begriff des Ganzen kann nun aber nicht ohne die Begriffe aller seiner einzelnen Glieder verstanden werden, folglich muss Gott auch besondere Ideen von allen Dingen haben. Jedes Ding ist also, wie auch Augustinus sagt, nach der ihm eigenen Idee geschaffen [2]).

---
[1]) Th. Aq. S. th. p. I. q. 84. a. 5.
[2]) Th. Aq. S. th. p. I. q. 15. a. 2.

So spendet Thomas Plato Beifall, dass er, wie im Timäus zu lesen, aus der Einheit und Ordnung der Ideenwelt die Einheit und Ordnung der sinnfälligen Welt begründet habe¹). Aristoteles hält zwar dieses Beweisverfahren Platos für unrichtig und will aus der Einheit der getrennten Idee auf die Möglichkeit einer Vielheit von Welten geschlossen haben, da die Idee als das Allgemeine eine Mehrheit von Individuen unter sich befassen könne²). Aber Thomas schlichtet diesen Widerstreit zwischen Meister und Schüler, indem er beiden Recht giebt. Plato halte die Einheit für das Sein und die Natur der Weltidee, folglich müsse die Welt sie auch in ihrer Einheit nachbildend darstellen, also nothwendig e i n e sein. Aristoteles aber nehme an, dass die Einheit nicht zu ihrer Natur gehöre, sondern ausserhalb derselben liege, und so könne das Abbild bloss in der Artnatur ihr ähnlich sein, nicht aber in der Einheit. Sodann sei zu beachten, dass ein Gebilde um so vollkommener sei, je grössere Aehnlichkeit es mit seiner Idee aufweise, die übrigen Gebilde seien nur nach dem Artbegriffe, die Welt aber als das vollkommenste Abbild nicht bloss nach dem Artbegriffe, sondern auch nach der numerischen Einheit ihrer Idee ähnlich³). Da Thomas diese Bemerkung

---

¹) Th. Aq. S. th. p. I. q. 47. a. 3. ad 1. — Vgl. Plat. Tim. c. 6.
²) Arist. de coel. I. t. c. 91. (278 a 15 ff.)
³) Th. Aq. Comment. in Arist. l. de coel. I. l. 19. — Vgl. Simplicii Cemment. in quatuor l. de coelo Aristotelis, Guillermo Morbeto (al. Morbecka) interprete. Venetiis 1540. (Diese Uebersetzung lag dem hl. Thomas vor.) I. t. c. 91. fol 43. „Alexander insultat Platoni dicenti propter unum esse exemplar unum mundum esse. Nam et aliorum, ait, quorumcunque sunt ideae secundum ipsum idea una exemplar. Non enim utique et multi ipsi homines et tamen multa, quae habent esse ad ipsum. Contrarium enim forte magis ex hoc, quam quod vult ostendere, siquidem esset sicut intellectualium animalium unumquodque unum numero, sic et sensibilium, quod fit ad exemplar, quod in ipso continet omnia intellectualia animalia, unum utique esset et ipsum, in ipso continens similiter illa animalia sensibilia. Si autem secundum unum quodque intellectualium animalium sunt infinita sensibilia animalia, non adhuc necesse ad exemplar factum, quod omnia intellectualia continet animalia, continere omnia sensibilia. Omnia quidem enim secundum speciem oportebit esse unum, quae ad illud fiunt. Non adhuc autem et omnia unum numero, ut autem multa secundum unumquodque ani-

in den erklärenden Text zu der Schrift des Aristoteles ‚von dem Himmelsgebäude' einfliessen lässt, so musste er auch der Aristotelischen Anschauungsweise Genüge thun, welche ihm aber als die richtige gilt, erhellt aus der angeführten beifälligen Erwähnung. Auch gedenkt er mit billigem Anerkennen, dass Plato eine Mehrheit von Ideen für nothwendig erachtet habe[1]), nur schade dass der Schöpfer der Ideenlehre sie selbständig existiren liess. Doch wirft Thomas es als eine Vermuthung hin, ein gewisses Dilemma, das Plato nicht habe lösen können, trage Schuld an seinem Irrthume. Wenn er die Ideen in Gott verlegte, habe er gefolgert, so würden sie entweder in dem göttlichen Wesen eine reale Vielheit bewirken oder sie würden sich zu ihm wie etwas Fremdes und Accidentelles verhalten[2]).

---

mal intellectuale sensibilia animalia, ita sequetur et mundos sensibiles esse multos uno existente exemplari." L. c. t. c. 96. f. 45. „Platone duas causas assignante (in Timaeo), quare unus solus sit mundus, una quidem quae ab exemplari, ut enim, ait, secundum unitatem simile sit perfecto, propter hoc neque duos, neque infinitos fecit mundos conditor, sed unum hoc unigenitum coelum (t. c. 93. f. 44. Plato coelum mundum vocat.) est et erit. Si enim aliquis alius esset, non utique esset perfectum istud in sensibilibus, sicut in intellectualibus exemplar, sicut et paulo ante ostendere conabatur, unius semper exemplaris una est imago, ad quod proxime et principaliter assimilatur. Alteram autem causam Plato assignat . . sc. ex omnia corporea consistentia esse mundum etc.".

[1]) Th. Aq. S. c. gent. I. c. 54. in fin.
[2]) Th. Aq S. c. gent. I. c. 51. — Vgl. Avicennae Met. tr. 8 cap. 7. fol. 101 „Remansit considerare dispositionem essendi intellecta sc. an sint in essentia primi (sc. Dei) sicut comitantia, quae sequuntur eum, an sit eis suum esse separatum ab ejus essentia et ab essentia alterius praeter se, sicut forma separata secundum ordinem posita in orizonte deitatis. (S. l. de causis. Th. Aq. l. 2. Esse quod est post aeternitatem et supra tempus, est anima, quoniam est in horizonte aeternitatis inferius et supra tempus. Auch Averroes weist den Plat. Ideen, falls es deren gebe, die nämliche Rangstufe an, wie er sie dem menschlichen Intellecte zuertheilt. Comm. in Phys. II. t. c. 26. p. 59. „Scientia naturalis considerat esse formarum, quousque perveniat ad ultimam formam formarum materialium et primam abstractarum aut ad formas formarum (sc. ideas Plat. 4. Met. c. 2) quae sunt mediae in esse inter illas, sicut existimatur de forma hominis ultima.") Si autem posuerint haec intellecta partem suae essentiae, continget ipsum multiplicari, si vero posuerint ea sequentia suam essentiam, accidit suae essentiae, quod ex parte eorum non sit necesse esse propter applicationem sui ad possibile

Um nun dergleichen Verstösse gegen die Lehre von der Einheit und Einfachheit Gottes zu vermeiden, habe er lieber die intelligibelen Formen der Dinge für sich existiren lassen.[1] Doch sei der Nachweis leicht, dass die Mehrheit von Ideen der göttlichen Einfachheit keinen Eintrag thue. Die Idee, nach welcher der Werkmeister arbeite, sagt er, verhalte sich in seinem Verstande wie das, was erkannt werde, nicht aber wie die Denkform, wodurch die Erkenntniss sich vollziehe, denn diese mache den Intellect bloss zu einem denkenden. Dass Gott also Vieles erkenne, spreche nicht gegen die Einfachheit des göttlichen Intellectes, wohl aber würde das der Fall sein, wenn er durch eine Mehrheit von Denkformen und nicht durch seine einfache Wesenheit Vieles erkännte. Also gebe es in dem Verstande Gottes viele Ideen, insofern sie von ihm gedacht seien. Da er nämlich seine Wesenheit vollkommen erkenne, müsse er sie nicht bloss wie sie an sich sei, sondern auch so erkennen, wie sie in irgend welcher Weise von den Geschöpfen nachbildlich dargestellt werden könne. Indem er also seine Wesenheit als auf eine bestimmte, von anderen unterschiedene Weise nachahmbar erkenne, erfasse er sich als das eigenthümliche Urbild eines bestimmten und von anderen unterschiedenen Dinges[2]. Die Wesenheit Gottes sei mithin die Idee, nicht insofern sie Wesenheit sei, sondern insofern sie nach der verschiedenen Weise ihrer Nachahmbarkeit von ihm erkannt werde[3].

Aristoteles, sagt nun Thomas, habe es eingesehen, dass Gott durch seine einfache Wesenheit alles wisse[4], und habe

---

esse; si vero posuerint ea separata ab omni essentia, incident in ideas platonicas." — Vgl. Albert. Magn. S. th. p. 2. tr. 1. q. 4 tom. 18. p. 42. „Plato dicit quod ad unum vultum opifex non potest facere diversa in forma. Ergo Deus opifex secundum Platonem ad unam ideam omnia, quae in mundo sunt, facere non potuit, et ita videtur quod Plato posuit multitudinem idearum, sub multitudine autem non sunt in mente divina."

[1] Th Aq. a. a. O.
[2] Th. Aq. S. th. p. I. q. 15. a. 2.
[3] a. a O. ad 1.
[4] Th. Aq. Comm. in l. de causis. „Secundum sententiam Aristotelis . . ipse Deus per essentiam suam omnia cognoscit." — Sent. I. d. 36. q. 2

es ausgesprochen, dass die Ideen in dem Verstande Gottes vorlägen, Plato aber habe in dunkeler Ahnung der Wahrheit diese Erkenntniss zum Ziele seiner Forschung genommen, aber es zu erreichen, sei ihm versagt gewesen. Weit entfernt also, dass Aristoteles überhaupt den Ideen abhold sei, bekämpfe er lediglich die Weise, wie Plato die natürlichen Formen für sich ohne die Materie habe existiren lassen [4]).

Wir brauchen nun nicht zu untersuchen, ob Aristoteles wirklich das Dasein von Ideen in dem ersten Beweger lehre, aber der Ausspruch, seine Polemik gegen Plato drehe sich bloss um den angegebenen Punkt, bedarf einer eingehenden Erörterung.

Siebentes Kapitel.
Unterschied der Idee von dem abstracten Begriff.

In einer für uns bedeutungsvollen Stelle bemerkt Thomas, dass, während unsere Begriffe von den Naturdingen auf abstractivem Wege zu Stande kommen, die Idee, wenn man so sagen dürfe, auf synthetischem Wege ihrer Vollendung ent-

---

a. 1. „Formae materiales habent duplex esse, unum in actu secundum quod in rebus sunt et aliud in potentia activa secundum quod sunt in motoribus orbium, ut ipse (Arist.) posuit et praecipue in primo motore, loco cujus nos in Deo dicimus."

[1]) Th. Aq. Sent. I. d. 36. q. 2. a. 1. ad 2. — Q. 3. de verit. a. 1. n. 4. — Vgl. Averr. in Met. XII. t. c. 18. f 305. „Ista mensura rerum provenit ex arte divina intellectuali, quae est similis uni formae unius artis principalis, sub qua sunt artes plures. Secundum hoc igitur est intelligendum, quod natura facit aliquid perfecte et ordinate, quamvis non intelligat . . . Istae autem proportiones et virtutes, quae fiunt in elementis a motibus solis et aliarum stellarum, sunt hae, quas reputat Plato esse formas et eas intendit, sed longe respiciebat eas, quapropter dicit formas esse . . . Dicitur quod omnes proportiones et formae sunt in potentia in prima materia et in actu in primo motore et assimilatur aliquo modo esse ejus, quod fit in anima artificis." Averr. in l. de gen. et corrupt. II. t. c. 52. f. 384. „Aristoteles resistit Platoni, quia forma non est causa agens simpliciter, sed quia sunt causae propinquae et essentiales. Ponit enim Aristoteles formas agentes, quamvis esse earum apud ipsum sid aliud ab esse earum apud Platonem. Differt quidem a Platone in modo essendi formas et in modo actionis earum tantum, non in esse earum simpliciter neque in actione earum simpliciter."

gegengehe¹). Da nun Plato unsere abstracten Begriffe von den Naturdingen verselbständigte, so können die von ihm aufgestellten separirten Substanzen, insofern sie die allgemeinen Prädikate sein sollen, auf den Namen einer Idee keinen Anspruch erheben. Daraus erklärt sich die oben vorgetragene Polemik des Aquinaten. Der abstractiven Erkenntnissweise setzt dieser nun eine andere gegenüber, welche aus dem vorauserfassten Zwecke die zu seiner Durchführung dienlichen Mittel gewinnt²). In der Antwort auf die Frage, ob das Denken, welches der Intellect hierbei zu veranstalten habe, analytisch oder synthetisch verlaufe, trifft er eine Unterscheidung. Ist das Princip, von welchem die Ueberlegung in Betreff der auszuwählenden Mittel anhebt, für die Erkenntniss zwar das Frühere, im Sein der Wirklichkeit aber das Spätere, so ist der Vorgang analytisch. Denn da der Zweck hier zwar das Erste in der Absicht, aber das Letzte im Sein der Wirklichkeit ist, so muss die Untersuchung über die Mittel analytisch sein, sie beginnt nämlich mit dem, was als in der Zukunft eintretend anticipirt wird und dringt bis zu einem Ersten vor, das sich unmittelbar verwirklichen lässt. Ist jenes Prinzip hingegen wie dem Begriffe so auch dem Sein nach das Erste, so ist das Vordringen nicht so fast analytisch, sondern vielmehr synthetisch³).

Er möge uns gestattet sein, was Thomas hier im Allgemeinen feststellt, an einem berühmten Beispiele des Aristoteles

---

¹) Th. Aq. S. c. gent. II. c. 100. „Species rerum intelligibiles contrario ordine perveniunt ad intellectum nostrum et intellectum substantiae separatae. Ad intellectum enim nostrum perveniunt per viam resolutionis sc. per abstractionem a conditionibus materialibus, unde per eas singularia a nobis cognosci non possunt. Ad intellectum autem substantiae separatae perveniunt species intelligibiles quasi per viam compositionis; habet enim species intelligibiles ex assimilatione sui ad primam intelligibilem speciem intellectus divini, quae quidem non est a rebus abstracta, sed rerum factiva. Est autem factiva non solum formae, sed materiae Species igitur intellectus substantiae separatae totam rem respiciunt, et non solum principia speciei, sed etiam principia individuantia." Vgl. Frhr. v. Hertling „Albertus Magnus". S. 123 f.

²) Th Aq. Sent. III. d. 23. q. 1. a. 2.

³) Th. Aq. S. th. I. II. q. 14. a. 5.

aufzuweisen¹). Wenn der Arzt einen Kranken gesund macht, so ist es die Form der Gesundheit, welche am Ende des Heilverfahrens im Sein der Wirklichkeit eintritt, aber als intendirter Zweck für die Erkenntniss des Arztes das Erste. Von dem Begriffe der Gesundheit also hebt er mit seiner Ueberlegung als ihrem natürlichen Ausgangspunkte an, zurückrechnend sucht er die Ursachen, welche dieselbe verwirklichen können; als solche entdeckt er den ungehinderten Kreislauf des Blutes, die Wärme als die Ursache dieses Kreislaufes, eine entsprechende Arznei als die Ursache der Wärme und in dieser Zergliederung seiner Aufgabe fährt er fort, bis er eine in seiner Hand liegende Ursache gefunden hat. Was sich nun so bei dem Aufsuchen der Mittel, durch welche der beabsichtigte Erfolg erreicht wird, als die erste Ursache zeigt, von der alle anderen abhängen, ist nun das, womit das Heilverfahren beginnt, d. h. das Erste wie dem Begriffe, so auch dem Sein der Wirklichkeit nach. Das Denken also, welches die Handlung regelt, entfaltet sich auf synthetischem Wege, von der Ursache zur Wirkung dringt es vor, bis das Gewünschte erreicht ist. So zerfällt das künstlerische Hervorbringen in eine doppelte Funktion, deren eine Thomas das Auffinden ($\nu \acute{o} \eta \sigma \iota \varsigma$) und deren andere er das von Einsicht begleitete Wirken ($\pi o \acute{\iota} \eta \sigma \iota \varsigma$) nennt²), und in dem letzteren ruht der Begriff der Idee³).

---

¹) Arist. Met. 1032 b 1 ff.
²) Adinvenire, per intellectum agere. q. 1. de pot. a. 5. ad 11; S. th. p. I. q, 15. a. 1. — in Met. VII. l. 6. t. c. 23. — in l. Dionys. de div. nom. 1. 13. l. 2. —
³) S. Seite 85. — Von dem angeführten Beispiele sind die meisten Bestimmungen genommen, welche Thomas dem inneren Worte beilegt. So schreibt er q. 9. de pot. a. 5. „Ab intellectu conceptum dicitur verbum interius, hoc enim est, quod significatur per vocem. Non enim vox exterior significat ipsum intellectum (materialem, potentialem) aut formam ipsius intelligibilem (intellectum habitualem, speciem impressam, sapientiam, artem. S. th. I. q. 15. 2. ad 2.) aut ipsum intelligere (i. e. intellectum in actu) sed conceptum intellectus (intellectum adeptum)." S. Haneberg: Zur Erkenntnisslehre von Ibn Sina (Avicenna) und Albertus Magnus. Abhdl. d. k. bayer. Akadem. d. Wiss. I Cl. XI. Bd. 1. Abthl. S. 13. „Avicenna sagt: Wolle nun berücksichtigen und beschauen, wie diese Kräfte sich gegenseitig zueinander als herrschende und dienende

Wenn es heisst, das auf das Wirken bezügliche Denken habe in der Erfassung des Zweckes seinen Ausgangspunkt, so müssen wir doch einen doppelten Zweck auseinander halten: den einen, welchen das Werk selbst erreichen soll d. i. der Begriff desselben und der andere, auf den das wirkende Wesen vorwaltend bedacht ist (finis operis, finis operantis). Jener

---

verhalten. Da findest du die angeeignete Intelligenz (intellectus acquisitus, adeptus) als Haupt, dem alles dient und welches das äusserste Ziel (terminus) ist. Dann die in Wirksamkeit tretende Intelligenz (int. in actu), welcher die habituelle dient. Die materielle Intelligenz dient sammt dem, was in ihr von Disposition sich findet, der habituellen; die praktische Vernunft aber dient all diesen insgesammt." (S. unten S. 87 Amk. 1). — Thomas fasst nun zwar den intellectus operativus, den die lateinische Uebersetzung intellectus efficiens nennt, als den intellectus agens, wohl weil dieser nicht bloss die species einprägt, sondern den intell. possibilis auch vorwärts führt, indem er ihm nicht bloss die ersten Prinzipien, sondern vermittelst dieser auch alles offenbart, was durch die Principien erkannt wird (q. 10. de verit. a. 6. in fin. — S. th. I. q. 79. a. 10. „Quandoque ponunt philosophi quatuor intellectus sc. int. agentem, possibilem, et in habitu et adeptum, quorum quatuor intell. agens et possibilis sunt diversae potentiae . . . . alia vero tria distinguuntur sec. tres status intellectus possibilis, qui quandoque est in potentia tantum . . . quandoque autem in actu primo, qui est scientia et sic dicitur intellectus in habitu, quandoque autem in actu secundo, qui est considerare et sic dicitur intellectus in actu sive intellectus adeptus), doch deutet er anderwärts die Unterscheidung der dritten und vierten Stufe an: q. 8. de pot. a. 1. „Verbum non est extrinsecum ab ipso intelligere intellectus, cum ipsum intelligere compleri non possit sine verbo." S. th. I. q. 34. a. 1. „Cum ergo dicitur quod verbum est notitia, non accipitur notitia pro actu intellectus cognoscentis vel pro aliquo ejus habitu, sed pro eo, quod intellectus concipit cognoscendo." Das Wort macht den Intellect zu einem erkennenden, nicht operative, sondern terminative, weil es als das Completirende die forma und perfectio des Intellectes ist. Es steht in der Mitte zwischen dem mit der species impressa ausgerüsteten Intellecte und dem erkannten Gegenstande, und da das letzte Glied in der Analyse als das erste in der Synthese auftritt, so ist es sowohl das, wodurch etwas erkannt wird, als auch das, was erkannt wird. Th. Aq. Quodl. V. a. 9. „Necesse est, quod species intelligibilis, quae est principium operationis intellectualis, differat a verbo cordis, quod est per operationem intellectus formatum, quamvis ipsum verbum possit dici forma vel species intelligibilis sicut per intellectum constituta, prout forma artis quam intellectus adinvenit, dicitur quaedam species intelligibilis."

kann in die Erscheinung treten, dieser hingegen verbleibt in dem Wirkenden, immer jedoch ist jener aus diesem abzuleiten. Der Zweck des Wirkenden ist stets als ein in diesem vorliegendes Gut zu bezeichnen, indessen kann dieses Gut entweder ein solches sein, das nur der Erkenntniss nach ihm angehört, im Sein der Wirklichkeit aber anderweitig vorliegt und durch das Wirken erst erworben wird, oder es ist ein Gut, das wie der Erkenntniss so auch dem Sein der Wirklichkeit nach in seinem Besitz sich vorfindet, so dass sich das Wirken nicht als einen Erwerb, sondern als eine Mittheilung charakterisirt, ein Zweckwollen, das im strengen Sinne allein bei Gott statthat, da nicht seine Güte es ist, welche durch sein Wirken etwas gewinnt, sondern bloss das Werk, zu dessen Nutzen und Frommen er sich bethätigt[1]). Ein Analogon dieses Zweckwollens findet Thomas in dem irdischen Künstler, der ohne für sich etwas erstreben zu wollen, von dem Formenschatze seines Intellectes dem Stoffe Mittheilung macht[2]).

Von seiner Güte hebt nun Gott, um nach menschlicher Weise zu reden, als dem Zwecke mit seiner Ueberlegung an, auf synthetischem Wege dringt er zu der Erkenntniss der Mittel vor, durch welche seine Güte mittheilbar ist, bis er eine Form aufgefunden hat, nach welcher er unmittelbar etwas verwirklichen kann[3]). Während aber der menschlich-irdische Werkmeister in dem Verstande das Vorbild seines Productes nur in Bezug auf die Form desselben entwerfen kann, und um bis ins Einzelne hinabzusteigen an die Phantasievor-

---

[1]) Th. Aq. Sent. II. d. I. q. 2. a. 1. — S. c. gent. III. c. 18.

[2]) Vgl. Th. Aq. in Met. XII. 1. 12. t. c. 55. „Anaxagoras posuit bonum esse principium primum quasi movens. Sed manifestum est, quod semper intellectus movet gratia alicujus i. e. propter finem. Quare oportet, quod ponat alterum aliquod principium, propter quod intellectus moveat Nisi forte dicat, sicut nos (Arist.) diximus sc. quod idem potest esse intellectus et intellectum, et quod intellectus moveat propter seipsum, quod aliquo modo invenitur in his, quae agunt per intellectum secundum nos. Ars enim medicinae agit propter sanitatem et sanitas est quodammodo ipsa ars medicinae."

[3]) Th. Aq. q. 3. de verit. a. 3. „Consideratur res ut operabilis, quando in ipsa considerantur omnia, quae ad esse ejus requiruntur simul".

stellungen sich angewiesen sieht, von denen der Gedanke begleitet wird, ist der Intellect Gottes, der das ganze Ding hervorbringt, hinreichend mächtig, bis in die Materie und das in ihr begründete Einzelne vorzudringen¹).

Wenn also Thomas von einer Formation der Idee redet, so erhält das in dem Gesagten seine Erklärung²).

Was ferner den Zweck des Werkes oder sagen wir besser das Prinzip anbetrifft, mit welchem die künstlerische Arbeit beginnt, so erhellt aus dem angeführten Beispiele, dass der sie leitende Intellect gleichfalls auf synthetischem Wege weiter wirkt, und zwar von dem Allgemeineren zu dem weniger Allgemeinen und dem Particulären, von den Theilen zum Ganzen, von der Ursache zur Wirkung bis in das Einzelnste hinab, das dem Werke zur Zierde und zum Schmucke gereichen soll³).

Wegen des parallelen Einherschreitens der Idee und der Gestaltung ihres Productes nimmt Thomas nach dem Vorgange des Dionysius keinen Anstand, Bestimmungen, welche bloss für die eine Seite zutreffend sind, in einem gewissen Sinne auf die andere zu übertragen. Von der göttlichen Idee sagt er, dass sie in der Entstehung der Dinge sich entfalte⁴), und von dem Geschöpfe, dass es sich gewissermassen selbst bewege und ins Dasein hervorrufe, insofern sein Gleichniss in Gott

---

¹) Th. Aq. Quodl. VII. q. 1. a. 3. — VIII. a. 2. — Q. 2. de verit. a. 5. — Sent. 1. d. 36. q. 1. a. 1.

²) Th. Aq. Q. 3. d. verit. a. 3. ad 1. „Augustinus formationem ideae refert non tantum ad ea, quae sunt, sed etiam ad ea, quae fieri possunt." —

³) S. S. 80. Anm. 1. Vgl. Th. Aq. in l. de causis l. 1. — Averrois in Phys. l. I. t. c. 3. p. 7. Vol. 4. „Causae sunt notiores apud naturam, quia natura facit composita ex causis; unde videtur quod causae sunt notiores apud illam, sicut est dispositio in rebus artificialibus cum artifice sc. quoniam causae sunt cognitiores apud illum. Si igitur nos ageremus res naturales, tunc causae essent notiores apud nos, sed quia nos non habemus agere eas, ideo dispositio in eis apud nos est contraria dispositioni in rebus artificialibus."

⁴) Th. Aq. q. 6. de pot. a. 1. ad 12. „Ars divina non totam se explicat in creaturarum productione." S. c. gent. IV. c. 13. „Explicatio divini conceptus per opera exteriora verbum verbi nominatur." Vgl. in l. Dionys. de div. nom. c. 2. l. 3.; c. 11. l. 2.

die schöpferische Wesenheit Gottes selbst sei[1]). Aber nur in einem gewissen Verständnisse kann von einer Entwicklung der Idee die Rede sein, denn die Idee ist selbst nicht geformt, sondern als das Prinzip der Formation ewig. Das Werden nimmt von dem Vollkommenen seinen Ursprung und das Unvollkommene kann nur durch ein vorausgehendes Wirkliche zur Vollkommenheit gebracht werden[2]). Die Idee ist darum als das Gleichniss des in letzter Linie beabsichtigten Erfolges zu definiren[3]).

Haben wir jetzt den Unterschied zwischen dem abstracten Begriff und der Idee bezüglich ihrer Entstehung kennen gelernt, so müssen wir zum vollen Verständniss desselben erwägen, dass die Universalien als solche, auch — worauf wir später zurückkommen werden — wie sie in dem Verstande

---

[1]) Th. Aq. Q. 4. de verit. a. 8. „Similitudo creaturae in Verbo est vita ejus. Sed similitudo creaturae est quodammodo ipsa creatura per modum illum, quo dicitur, quod anima est quodammodo omnia. Unde ex hoc quod similitudo creaturae in Verbo est productiva et motiva creaturae in propria natura existentis, quodammodo contingit, ut creatura seipsam moveat et ad esse perducat, inquantum sc. producitur et movetur a sua similitudine in Verbo existente". — Q. 3. de pot. a. 16. ad 24.

[2]) Th. Aq. S. th. p. III. q. 1. a. 5. ad 3. — q. 1. a. 6. — II. II q. 1. a. 7. ad 3. — p. I. q. 85. a. 3. „Universale potest considerari quantum ad ipsam naturam..., prout invenitur in particularibus. Et sic est dicendum, quod duplex est ordo naturae, unus sec. viam generationis et temporis, secundum quam viam ea, quae sunt imperfecta et in potentia sunt priora, et hoc modo magis commune est prius secundum naturam, quod apparet manifeste in generatione hominis et animalis. Nam prius generatur animal quam homo, ut dicitur (ab Arist. de gen. anim. 736 a 32). Alius est ordo perfectionis sive intentionis naturae, sicut actus simpliciter est prior secundum naturam, quam potentia et perfectum prius est quam imperfectum, et per hunc modum minus commune est prius sec. naturam quam magis commune, ut homo quam animal. Naturae enim intentio non sistit in generatione animalis, sed intendit generare hominem". Vgl. Avicen. Sufficientia c. 1.

[3]) Th. Aq. S. th. III. q. 78. a. 2. „Forma artificialis est similitudo ultimi effectus, in quem fertur intentio artificis, sicut forma artis in mente aedificatoris est forma domus aedificatae principaliter, aedificationis autem per consequens."

Gottes vorliegen — machtlose Gedanken sind [1]), den Ideen aber im wahren Sinne des Wortes eine Ursächlichkeit zukommt [2]). Der Verlauf des künstlerischen Wirkens geht nämlich in folgender Weise vor sich. Der Intellect stellt dem Willen die entworfene Form als Zweck vor, der Wille nimmt diesen Zweck auf und befiehlt der ausführenden Macht, diesem unmittelbaren Prinzipe der Operation, das Werk ins Dasein zu setzen, dessen Idee jene Form ist [3]). Nicht nur aber, dass der Intellect den Willen durch jene Form bestimmt, sondern, indem er ihm wie auch der ausführenden Macht die Richtung vorschreibt, in welcher sie wirken sollen, ertheilt er selbst dem Werke die es auszeichnende Form [4]).

Wie an dem inneren Worte, so müssen wir auch an der Idee ein dreifaches unterscheiden, die Idee als die Erkenntniss selbst, die Idee als das Erkenntnissmittel und die Idee als das in seiner Nachahmbarkeit Erkannte [5]).

Insofern nun die Idee die Erkenntniss selbst ist, wird sie zu der sogenannten Wirkursache gerechnet. Da nämlich die Erkenntniss den Künstler bei seinem Wirken leitet, muss die

---

[1]) Th. Aq. Sent. I. d. 38. q. 1. a. 1. „Scientia secundum rationem scientiae non dicit aliquam causalitatem, alias omnis scientia causa esset, sed in quantum est scientia artificis operantis res, sic habet rationem causae respectu rei operatae per artem."

[2]) Th. Aq. Q. 8. de verit. a. 8. ad 1. „Exemplar proprie si accipiatur, causalitatem respectu exemplatorum importat, quia exemplar est, ad cujus imitationem fit aliud."

[3]) Th. Aq. S. th. p. I. q. 19. a. 4. ad 4.

[4]) Th. Aq. Sent. I. d. 38. q. 1. a. 1.

[5]) Th. Aq. Sent. I. d. 27. q. 2. a. 3. ad 4. „Artifex potest converti ad speciem artis, quae apud ipsum est, tripliciter. Vel secundum quod est similitudo rei per ipsum fiendae, et sic absolute convertitur in rem artificiatam, nullam considerationem habens de arte sua. Vel in ipsam speciem artis, secundum esse, quod habet in anima ejus, et sic est consideratio absoluta ipsius speciei, inquantum est res quaedam, nec aliquid tunc de re artificiata considerat. Vel comparando unum ad alterum, dum considerat illam speciem quae apud se est, esse causam eorum quae ab ipso fiunt. Et ita etiam est de intellectu divino, secundum quod convertitur supra seipsum, vel inquantum est res quaedam, vel prout est similitudo rerum tantum, vel prout illa res, quae est similitudo, est causa eorum, quae sibi assimilat, quamvis istae cognitiones in Deo simul sint et realiter non differant."

Form des Intellectes, welche ihn zu einem denkenden macht, in der Weise als das Prinzip der Operation auftreten, wie die Wärme als das Prinzip des Erwärmten[1]). Insofern aber die Idee das erkannte Object ist, nach dessen Aehnlichkeit ein Ding constituirt wird, gehört sie zu der äusseren Formalursache, welche das Ding in seinem specifischen Wesen sich ähnlich gestaltet[2]). In gewissem Sinne wird die Idee auch als die Zweckursache bezeichnet[3]), denn die Vollkommenheit des Abbildes besteht darin, dass es die Aehnlichkeit mit seinem Urbilde erreicht[4]). Somit tritt hervor, dass die Ideen wirksame und constituirende, über die Entstehung und Erzeugung der Dinge herrschende und waltende (factivae, constitutivae, compositivae) Kräfte genannt werden müssen. Indem nun Thomas diese auszeichnenden Prädikate auch den Platonischen Ideen beilegt[5]), erhellt, wie weit er in der Werthschätzung derselben von dem Urtheile des Aristoteles abweicht, der sie als energielose Qualitäten aus der Reihe der Prinzipien getilgt haben will.

---

[1]) Th. Aq. in l. de causis l. 11. „Id quo intelligentia cognoscit est principium factivum in ipsa, sicut et artifex per formam artis operatur." S. th. p. I. q. 14. a. 8. — Quodl. VII. q. 1. a. 3.

[2]) Th. Aq. S. th. p. I. q. 48. a. 4. ad 2. „Exemplata oportet conformari secundum rationem formae, non autem secundum modum essendi". — in Met. V. l. 2. „Causa dicitur species et exemplar. Et haec est causa formalis, quae comparatur dupliciter ad rem. Uno modo sicut forma intrinseca rei et haec dicitur species. Alio modo sicut extrinseca a re, ad cujus tamen similitudinem res fieri dicitur et sec. hoc exemplar rei dicitur forma, per quem modum ponebat Plato ideas esse formas." — Aristoteles versteht weder hier (1013 a 26) noch Phys. II. t. c. 28, (194 b 26) unter $\pi\alpha\rho\acute{\alpha}\delta\varepsilon\iota\gamma\mu\alpha$ die Platonische Idee, da er dieser als dem verselbständigten Universale keinerlei Causalität zuerkennt, sondern das in der begrifflichen Form liegende Urmuster, die natura ipsa prout invenitur in particularibus. S. S. 47. Anmerk. 1. — S. 31 Amk. 2.

[3]) S. S. 39.

[4]) Th. Aq. S. i. gent. III. c. 19.

[5]) Th. Aq. Q. 3. de verit. a. 8: factivae. — in l. Dionys. de div. nom. c. 5. l. 1: constitutivae. — in l. de caus. l. 3. „Plato posuit universales rerum formas separatas per se existentes. Et quia hujusmodi formae universales universalem quamdam causalitatem habent, secundum ipsam habent particularia entia, quae ipsas participant."

Plato, so schreibt er als Interpret des Stagiriten, stellte von allen Gattungen getrennte Formen auf, welche das erste Prinzip in der betreffenden Gattung sein sollten, die Wissenschaft an sich in der Gattung der wissbaren, die Bewegung an sich in der Gattung der beweglichen Dinge und so im übrigen. Aber alles dies bezeichnet nur etwas Potentielles, und in der Gattung der wissbaren Dinge giebt es ein höheres Prinzip als die Wissenschaft an sich, denn der Vollkommenheit nach ist der Act früher als die Potenz [1]).

Plato sagte nichts von der Ursache, aus welcher der Ursprung der Bewegung abzuleiten ist, die Ideen waren ihm vielmehr unbewegliche Prinzipien oder besser die Prinzipien der Unbeweglichkeit. An dem unaufhörlichen Werden der Dinge nahm er Anstoss und wollte zum Behufe eines sicheren und festen Wissens etwas Beharrliches in den Dingen anerkannt wissen, das in den Fluthen der Veränderung ewig dasselbe bleibe, und dieses Feste und Beharrliche fand er in der vermeintlichen Theilnahme des Sinnfälligen an den Ideen [2]). Die Formalursache glaubte er durch die Aufstellung von Ideen angegeben zu haben, aber während er wähnte, in ihnen das zeigen zu können, was das Wesen der Dinge ausmache, sagte er, sie seien von diesen getrennte und verschiedene Substanzen. Was er ferner über die Weise lehrte, wie die letzteren das Wesen der Dinge sein sollten, hat weder Beweiskraft noch Wahrheit. Denn mit der Theilnahme ist Nichts gesagt (S. S. 64 f.). Aber auch zu demjenigen, was der letzte Grund für einige Wissenschaften ist, zu der Zweckursache, um derentwillen Vernunft und Natur sich bethätigen, nicht einmal zu dieser stehen die Ideen in irgend welcher Beziehung. Und wie er durch die Aufstellung von Ideen nicht an die Zweckursache hinanreichte, so auch nicht an die Ursache, welche das bewirkende Prinzip genannt wird und gleich-

---

[1]) Th. Aq. in Met. IX. l. 9. t. c. 18. (Arist. 1050 b 34.)
[2]) Th. Aq. in Met I. l. 15. t. c. 31. (Arist. 991 a 11.) Vgl. in Met. XII. 1. 5. (Arist. 1071 a 20.) „Potentia ad transmutandum non videtur convenire sepciebus. Species enim nihil aliud ponebantur quam universalia separata. Universalia autem inquantum hujusmodi non movent".

sam dem Zwecke gegenübersteht¹). Weil er auf diese Ursachen seine Forschung nicht richtete, kam es, dass er die Naturphilosophie wie die Mathematik behandelte, in welcher Wissenschaft weder von der Bewegung noch von dem Zwecke die Rede ist²).

Erlaubt uns diese Erörterung einen wohlbegründeten Zweifel an dem Urtheile, dass Aristoteles nichts anderes als die selbständige Daseinsweise der Ideen anfechten soll, so können wir andererseits mit Bestimmtheit sagen, dass Thomas in der Deutung der Platonischen Ideen als plastischer Kräfte Augustinus und Dionysius, Proklus und Eustratius als Gewährsmänner aufstellen kann³). Dieser Zweifel wird sich bestärken, wenn wir in der folgenden Untersuchung Aristoteles und Thomas über die Art und Weise der Wirksamkeit vernehmen, welche Plato den Ideen beigelegt wissen wollte.

---

¹) Vgl. Averrois in Met. I. t. c. 50. „Qui concedit causam agentem, debet concedere causam finalem. Agens enim non est agens nisi propter aliquid". De subst. orbis. c. 2. f. 6. M. „Finis significat agens significatione necessaria, sicut motum significat movens". — Aristoteles spricht von der sogenannten causa efficiens nicht.

²) Th. Aq. in Met. 1. 17. t. c. 44. (Arist. 992a 24 ff.) Vgl. Met. I. l. 11. t. c. 9. (Arist. 988b 1 ff.)

³) Dionys. Areop. de div. nom. c. 5. „Παραδείγματα δέ φαμεν εἶναι τοὺς ἐν θεῷ τῶν ὄντων οὐσιοποιοὺς καὶ ἑνιαίως προϋφεστῶτας λόγους, οὕς ἡ θεολογία προορισμοὺς καλεῖ καὶ θεῖα καὶ ἀγαθὰ θελήματα, τῶν ὄντων ἀφοριστικὰ καὶ ποιητικά, καθ' οὕς ὁ ὑπερούσιος τὰ ὄντα πάντα καὶ προώρισε καὶ παρήγαγεν."

Proklus. S. ob. S. 8. Anm. 1.

Eustrat. in Moral. I. c. 6. f. 13. n. 50. „Formas esse dicunt, qui eas statuunt, quaedam opificis proposita exemplaria, in quae respiciens quasi in notas ac praesignationes quasdam haec quae in materia sunt effingat, quae quidem opificis sunt rationes et quasi intelligentiae et speculationes efficientis, non ut qualitates aut scientiae extrinsecus adventitiae, sed quae proprie sint et existant, effectrices et intellectuales, nullamque ex ipsis inefficacem esse dicunt, quae propriam operationem progrediendo ad ea, quae subjacent, .. edere nequeat".

Achtes Kapitel.
Die Wirkungsweise der Ideen.
1.

Jedes wirkende Wesen, lehrt der Aquinate, bethätigt sich um eines Zweckes willen. Ist nun aber das Mittel, welches zu seiner Durchführung dient, nur ein einziges und ihm so zu sagen adäquat, so liegt eine Naturwirksamkeit vor. Was nämlich durch Natur sich bethätigt, wirkt vermittelst der Form, welche ihm selbst das Dasein verleiht, und diese ist in jedem Dinge nur eine[1]). Ebendarum liegt nach dem Gesetze der Synonymie, das alles Werden beherrscht, in der Natur der Drang, auf einartige Weise in dem Stoffe ihr Gleichniss auszuwirken. Da aber die Einheit die Gleichheit begründet, die sich auf mannigfaltige Weise verhaltende Vielheit hingegen die Ungleichheit, in Folge dessen etwas nur auf eine Weise einem anderen gleich, ungleich aber nach verschiedenen Abstufungen ist, so bringt die Natur auch immer etwas Gleichartiges hervor, es sei denn, dass sie wegen Mangels der erforderlichen Kraft oder wegen der Beschaffenheit des Stoffes, mit welchem sie arbeitet, ihre Absicht nicht durchzusetzen vermag[2]).

Wenn wir nun Gottes Wirksamkeit betrachten, so kann sie weder von der Materie eine Hemmung erleiden, da sie ihrer nicht bedarf, noch kann ihr, weil sie unendlich ist, an Kraft etwas fehlen. Deswegen geht einzig und allein das auf natürliche Weise von ihm aus, was ihm gleich ist, nämlich sein eingeborener Sohn, das Geschöpf aber, welches ihm ungleich ist, nicht auf natürliche Weise, sondern in Folge seines Willensentschlusses, denn es giebt verschiedene Stufen der Ungleichheit. Dass also Gott dem Geschöpfe den bestimmten Grad des Seins, dessen es sich erfreut, zuertheilt hat, dafür liegt der Grund in seinem freien Willen und nicht in seiner natürlichen Nothwendigkeit[3]). So ist also nur das ewige Wort,

---
[1]) Th. Aq. S. th. p. 1. q. 47 a. 1. ad 1.
[2]) Th. Aq. Q. 3. de pot. a. 13. — S. th. 1. q. 47. a. 2. ad. 2. — q. 65. a. 2.
[3]) Th. Aq. Q. 3. de pot. a. 13.

jenes ungeschaffene und vollkommene Abbild Gottes, dessen natürliches Erzeugniss, die Welt hingegen ein Werk der göttlichen Kunst, mithin weit weniger als Natur[1]).

Indem Thomas nun fragt, wie Plato das Universum aus Gott habe hervorgehen lassen, bestimmt er aus dem Timäus seine Lehre dahin, die Güte Gottes von ihm in Denken und Liebe erfasst, sei an die Nothwendigkeit gekettet, ein Universum von bestimmter Beschaffenheit hervorzubringen, damit so von dem besten aller Urheber auch das vollkommenste Abbild entstehe [2]).

Was können diese Worte dem Vorgetragenen zufolge anders heissen, als dass der Urheber und Vater des Weltalls zur Durchführung seines Zweckes nur ein einziges Mittel in der der Hand gehabt und in seinem Producte gleichsam sich erschöpft habe? Andererseits erinnert aber die Wendung „die Güte Gottes von ihm in Denken und Liebe erfasst' an die göttliche Wesenheit als Idee [3]). Plato machte also zwischen dem Reiche der Nothwendigkeit und Freiheit, der Natur und des Geistes nicht den gebührenden Unterschied.

Wenn von einer Nothwendigkeit der Werke Gottes nach

---

[1]) Th. Aq. S. th. I. q. 47. a. 1. ad 1. — Q. 3. de pot. a. 8. — a. 18. ad 12. — S. c. gent. III. c. 100.

[2]) Th. Aq. Q. 3. de pot. a. 16. — Plat. Timaeus: p. 28. Ac. p. 29. A. „Πᾶν τὸ γιγνόμενον ὑπ' αἰτίου τινὸς ἐξ ἀνάγκης γίγεσθαι· παντὶ γὰρ ἀδύνατον χωρὶς αἰτίου γένεσιν σχεῖν· ὅτου μὲν οὖν ἂν ὁ δημιουργὸς πρὸς τὸ κατὰ ταὐτὰ ἔχον βλέπων ἀεί, τοιούτῳ τινὶ προσχρώμενος παραδείγματι, τὴν ἰδέαν αὐτοῦ καὶ δύναμιν ἀπεργάζηται, καλὸν ἐξ ἀνάγκης οὕτως ἀποτελεῖσθαι πᾶν ... εἰ μὲν δὴ καλός ἐστιν ὅδε ὁ κόσμος ὅ τε δημιουργὸς ἀγαθός, δῆλον ὡς πρὸς τὸ ἀίδιον ἔβλεπεν ... παντὶ δὴ σαφὲς ὅτι πρὸς τὸ ἀίδιον. ὁ μὲν γὰρ κάλλιστος τῶν γεγονότων, ὁ δ' ἄριστος τῶν αἰτίων. οὕτω δὴ γεγενημένος πρὸς τὸ λόγῳ καὶ φρονήσει περιληπτὸν καὶ κατὰ ταὐτὰ ἔχον δεδημιούργηται."

[3]) Thomas citirt offenbar aus dem Gedächtnisse. — Vgl. Th. Aq. de trin. q. 5. a. 4. ad 2. „Secundum quod dicitur aliquis movere seipsum, quando intelligit et diligit se.. potest verificari dictum Platonis, qui dicit, quod primus motor movet seipsum, quia sc. intelligit et diligit se, ut Commentator dicit in VIII. Phys. (t. c. 40. f. 380. Vol. 4.) — Th. Aq. Sent. I. d. 3. q. 1. a. 4. ad 1. „Forte intellectum paternum Plato nominat intellectum divinum, secundum quod in se quodammodo concipit ideam mundi, quae est mundus archetypus."

Aussen die Rede ist, sagt Thomas angesichts dieser Lehre Platos, dürfen wir sie, weil die Güte Gottes keinen Zuwachs erhalten kann, nicht aus d e m Zwecke herleiten, um dessentwillen er sich beschäftigt, sondern nur aus der Form, welche als der Zweck des Werkes auftritt, diese ist nämlich nicht unendlich, sondern hat bestimmte Prinzipien, ohne welche sie nicht sein und gedacht werden kann. Also nur unter der Voraussetzung, dass Gott einen Menschen zu schaffen beabsichtigt, ist es ein nothwendiges Erforderniss, dass er ihn mit einer vernünftigen Seele und einem organischen Körper ausstatte, und so auch im Allgemeinen, nur unter der Voraussetzung, dass Gott ein bestimmtes Universum gründen will, ist er verbunden, Geschöpfe von dieser und jener Beschaffenheit hervorzurufen, ohne welche das Universum in dieser bestimmten Gestalt nicht entstehen würde. Und weil die Vollkommenheit des Weltalls wegen ihres weiten Abstandes von der göttlichen Güte in einem Dinge allein nicht angetroffen werden kann, sondern eine Vielheit und Verschiedenheit der Dinge erfordert, darum war es unter der Voraussetzung der intendirten Form nothwendig, dass Gott viele und mannigfaltige Geschöpfe ins Dasein rief. Die Ansicht Platos ist also wahr, wenn wir nicht das, was sein könnte, sondern bloss das, was ist, in Betracht ziehen. Denn die jetzt bestehende Form des Universums ist das Beste und Vollkommenste von den Dingen, welche vorhanden sind, und dass sie so das Beste ist, hat seinen Grund in der göttlichen Güte. Nicht aber ist Gottes Güte so an das Universum gekettet, dass er nicht ein anderes besseres oder weniger gutes hätte erschaffen können [1]).

Doch wenden wir uns zu der Beantwortung der Frage, wie Thomas sich die Wirksamkeit vorstellt, welche Plato den Ideen beilegte und wie er in dieser Beziehung zu Aristoteles steht.

2.

In einem der Zweifelsgründe, welche Aristoteles in der siebenten Aporie des dritten Buches der Metaphysik aufwirft, glaubt Thomas einen Beweis zu finden, den Plato für das Dasein

---

[1]) Th. Aq. Q. 3. de pot. a. 16.

von Ideen als den Prinzipien in dem Werden der Dinge geliefert habe. In jedem Werdeprocesse, so erläutert er ihn in seiner Bearbeitung der genannten Schrift, unserschied Plato zwei Elemente, zwischen denen als seinen Grenzen das Werden statthabe, das eine, was wird, die Form, und das andere, woraus etwas wird, die Materie, und jedes von ihnen wollte er als ewig bekannt wissen. Denn wenn das, woraus etwas entsteht, wiederum entsteht, so muss es aus einem anderen entstehen. Sollen wir nun so ins Unendliche fortgehen oder bei einem Ersten stehen bleiben? Eine andere Alternative ist nicht möglich, da es ein Werden aus dem Nichts nicht giebt. Bei der Annahme eines Regresses ins Unendliche würde aber das Werden niemals aufhören, folglich muss es, soll anders ein Werden möglich sein, ein erstes Materialprinzip geben, das ungeworden ist.

Aber auch bezüglich dessen, was wird, müssen wir ein erstes ungewordenes Prinzip vorhanden sein lassen. Die Entstehung des Einzeldinges kann nämlich nicht das Ergebniss eines endlosen Prozesses sein. Denn wie soll Etwas werden, das niemals das Ziel seines Werdens erreicht? Was ist nun aber dieses Ziel, das jedes Werden erreichen muss? Doch offenbar das Gewordensein. Was heisst aber Gewordensein anders, als das Sein besitzen? Und was verleiht das Sein anders, als die Form? Da also in Ansehung der Formen ein Fortgang ins Unendliche nicht möglich ist, so müssen letzte Formen angenommen werden, welche sich nicht aus einem Entstehungsprocesse ergeben, sondern vor allem Werden gegeben sind. Und das sind die Ideen [1]).

Wie nun aber die Ideen nach der Ansicht Platos die Ursachen in der Entstehung der Dinge seien, darüber giebt uns Thomas wiederholt im eigenen Namen Aufschluss. Nur die accidentellen Bestimmungen leitete Plato von dem Stoffe ab, und zwar so, dass er ihn als das Substrat der Veränderung die entgegengesetzten Bestimmungen des Grossen und Kleinen, welche er wie die alten Naturphilosophen das Dichte und Dünne als die ursprüngliche Gegensätzlichkeit ansah [2]), in sich auf-

---

[1]) Th. Aq. in Met. III. l. 9. t. c. 12. (Arist. 999 b 3 ff.)
[2]) S. Arist. Met. XIV. c. 1.

nehmen liess. Die substantiellen Formen hingegen liess er von immateriellen Prinzipien herrühren[1]). Denn da die Natur nicht im Stande sei, aus dem Nichts etwas hervorzurufen und folglich eines schon vorhandenen Substrates bedürfe, an welchem sie ihre Wirksamkeit ausübe, so habe sie nur die Kraft, den Stoff für den Empfang der substantiellen Form vorzubereiten. Das aber, was werde, die Form, dürfe bei dem Werdeprocess nicht schon als daseiend vorausgesetzt werden, darum müsse sie einem Wesen entstammen, das in seiner Wirksamkeit an keinen Stoff gebunden sei, sondern aus dem Nichts etwas machen könne, und das sei ein über die Körperwelt erhabenes Wesen, nämlich der Geber der Form (die Idee)[2]). Plato liess mithin die Formen der Dinge durch Schöpfung entstehen, und mit jeder Naturwirksamkeit eine Schöpfung verbunden sein[3]).

Diese Deutung der Wirksamkeit der Ideen ist nicht Aristotelisch. Denn wie schreibt Thomas als Interpret des Stagiriten? Plato glaubte, die Ideen seien auf die Weise die Ursachen der Dinge, wie wir uns vorstellen, die Weisse existire an sich, gleichsam als eine abstracte Weisse und vermische sich mit dem concreten Weissen, so dass dieses an jener theilnehme. Aehnlich könnten wir sagen, der Mensch

---

[1]) Th. Aq. S. th. p. I. q. 115. a. 1. — Vgl. Simplic. in l. de coelo I. t. c. 91 fol 43. „Eorum, quae generantur et corrumpuntur, unumquodque, quod quidem commune puta homo esse, habet ab uno exemplari, quod autem habet proprium . . . ab ea dispositione, a qua subsistunt individua".

[2]) Th. Aq. Q. 3. de pot. a. 8. — Vgl. Averrois in Met. XII. t. c. 18. f. 304. „Quidam ponunt generationem esse transmutationem in substantia et quod nihil generatur ex nihilo, sc. quod necessarium est in generatione subjectum esse et quod generatum non fit nisi ab eo, quod est sui generis in forma . . . et quod agens creat formam et . . . dicunt, quod illud agens non est in materia omnino et vocant ipsum datorem formarum et Avicenna est de illis" (Avicennae Met. tr. 9. c. 5.) — Averrois in l. de gen anim. II. c. 3. Vol. 6. p. 2. f. 75. „Hujusmodi sententia similatur illi, quae ponit ideam, videlicet, quod si daretur hic forma separata producens formam in materia, posset fieri aliquid ex nihilo, formaque non indigeret subjecto, nisi eo modo quo corpus indiget loco." —

[3]) Th. Aq S. th. p. 1. q. 45. a. 8. — Sent. II. d. 1 q. 1. a. 3. ad 5. — Q. 3. de pot. a. 8.

an sich, der getrennte Mensch vermenge sich mit dem Einzelmenschen, da dieser aus der Materie und der Artnatur, an welcher er theilnehme, zusammengesetzt sei. Allein diese Ansicht ist unhaltbar, und es lassen sich leicht viele Ungereimtheiten an ihr aufzeigen. Es würde folgen, dass die Accidenzien und Formen ohne Träger sein könnten, da nur die Verbindung von Substanzen eine Mischung zu nennen ist[1]).

Die Formen der entstandenen Dinge, lehrt der Aquinate der Ansicht Platos gegenüber, sind nicht ganz von Aussen, sondern theils von Innen, insofern sie in der Materie der Potenz nach vorausexistiren, theils von Aussen, insofern sie durch ein wirksames Prinzip aus der Materie educirt werden[2]). Bevor aber das Letztere geschieht, muss eine Zubereitung der Materie vorausgehen, durch welche die Dispositionen der in ihr vorfindlichen Form zerstört und andere herbeigeführt werden, welche die neue Form nothwendig fordern. Diese Veränderung der Qualitäten ist eine Bewegung im eigentlichen Sinne, weil ein und dasselbe actuell existirende Subject von einem Endpunkte in den entgegengesetzten übergeht[3]). Ist nun die Umwandlung der Qualitäten eines Dinges soweit gediehen, dass sie die vorhandene Form noch länger zu halten ausser Stande sind, so wird diese nicht etwa annihilirt, sondern sie tritt in die Potenz der Materie zurück[4]), und die der Form beraubte Materie geht in das Sein der neuen Form über, infolge dessen das ganze Ding entsteht. Das substantielle Entstehen und Vergehen ist keine Bewegung im strengen Sinne des Wortes, nicht ein Früheres und Späteres, sondern ein Geschehniss, das in einem untheilbaren Augenblicke vor sich geht, denn das der Privation und der neuen substantialen Form gemeinsame Substrat ist nichts Actuelles sondern etwas bloss Potentielles, nämlich die erste Materie[5]). So kann das Wort ‚werden‘ in einem doppelten Sinne ge-

---

[1]) Th. Aq. in Met. I. l. 15. t. c. 31. (Arist. 991 a 14.) Vgl. Th. Aq. in l. de gen. et corrupt. I. l. 24. (Arist. 327 l. 13 ff. 328 a 19 ff.)
[2]) Th. Aq. S. th. I. II. q. 63. a. 1. — Q. 1. de virt. in comm. a. 8. — Vgl. Seite 22. Anmerk. 2.
[3]) Th. Aq. Q. 3. de pot. a. 2.
[4]) Th. Aq. S. th. p. I. q. 45. a. 8. — Q. 3. de pot. a. 8.
[5]) Th. Aq. Q. 3. de pot. a. 2.

nommen sein, das einemal für das Bewegtwerden zum Sein, und so sagt man von dem Dinge, das erzeugt wird, es werde während der Zeit, in welcher die Veränderung der Qualitäten statthat, das anderemal aber für das plötzliche Eintreten der Form, und so fällt das Werden und das Gewordensein in einem Augenblicke zusammen [1]).

Da das Werden auf das Sein abzweckt, so kann es ein gewordenes Ding nur insoweit treffen, als ihm das Sein zukommt. Nun ist es freilich wahr, dass sowohl die Materie als auch die Form etwas Seiendes ist, jedoch nicht so, als ob jedes von diesen Elementen ein selbständiges Dasein führen könnte, sondern die Materie ist nur ein potentielles Sein und die Form bloss der Grund des Seins, welcher das Gewordene zu dem macht, was es ist. Ebendarum ist keins von beiden selbst dem Werden unterworfen, sondern die Materie muss vor dem Werden gegeben sein, und die Form ist, wenn das ganze Ding entstanden, und sie ist nicht, wenn das ganze Ding verschwunden ist. Der Gegenstand des Werdens ist also die vollendete, aus Materie und Form vereinigte Substanz, da dieser im eigentlichen Sinne das Sein zukommt. Die Form selbst wird nicht, wie Plato wollte, man kann von ihr nur sagen, dass sie nebenbei d. h. mit dem ganzen Dinge entsteht. Ist nun das Erzeugte etwas Concretes, so kann nach dem Gesetze der Synonymie, dem alles Werden unterliegt, auch der Erzeuger nur etwas Concretes sein. Somit erhellt, dass die Formen der entstandenen Dinge von den natürlichen Erzeugern dieser herrühren, nicht aber von getrennten Ideen. Wie nämlich das, was wird, ein Compositum und das, wodurch das Werden statthat, die aus der Materie herausgearbeitete Form ist, so ist auch der Erzeuger ein Compositum, und das, wodurch er in der Erzeugung sich bethätigt, die ihm als körperlichen Wesen inhärirende Form [2]). Die Form ist demnach das Prinzip in der Entstehung der Dinge. Doch geht von ihr die Umwandlung der Substanzen nicht unmittelbar aus, sondern vermittelst der activen Qualitäten, welche als die

---

[1]) Th Aq. Quodl. VII. a. 9. ad 4.
[2]) Th. Aq. S. th. p. 1. q. 65. a. 4. — Q. 3. de. pot. a. 8.

Kraft der substantialen Form fungiren. Nicht nur also, dass diese Qualitäten etwas Gleichartiges auswirken, sondern sie geben als die werkzeugliche Kraft der Substanz der neuen Substanz die Entstehung [1]).

So bestreitet Thomas die Lehre, dass die Formen der Dinge durch Schöpfung entstehen. Dessen nicht zu gedenken, dass das Geschaffensein gleich dem Werden das ganze Ding trifft, ist das natürliche Agens mit hinreichender Kraft ausgerüstet, das Ding in seiner Totalität aus der Materie ins Leben zu rufen, und so mischt sich in die Naturwirksamkeit keineswegs eine Schöpfung, obwohl die Natur nur auf Grundlage von geschaffenen Prinzipien sich zu bethätigen vermag [2]).

3.

Theilt nun Thomas mit Augustinus und Dionysius die Ansicht, Plato habe sich die Ideen als schaffende Mächte vorgestellt, so leiht er ihm andererseits die Lehre, die Wirksamkeit der Ideen beruhe in einer Art von Erzeugung [3]). Wenn wir also den Aquinaten nicht des Widerspruchs beschuldigen wollen, müssen wir dann nicht annehmen, er habe sich die Platonischen Ideen in ungeschiedener Einheit als schaffende Mächte und natürliche Kräfte gedacht? Darin würde sich seine Ansicht mit derjenigen, welche er bei Aristoteles findet, begegnen, nur dass letzterer von einer Schöpfung nicht spricht, vielmehr wiederholt bemerkt, Plato habe den Begriff der Theilnahme nicht klar zu machen gewusst. Aristoteles, so schreibt Thomas nämlich in seinem Commentar zu dessen Metaphysik, nennt das Gerede von den Ideen und von der Theilnahme der sinnlichen Dinge an ihnen ein leeres Geschwätz und eine poetische Metapher, und zwar mit Recht, weil Plato das **natürliche Entstehen** der Dinge dem **künstlerischen Schaffen** gleich erachtete und weil die Ideen nichts zu der Erklärung des Werdens beitragen. Der Nutzen eines Musterbildes liegt nämlich darin, dass der Künstler im Hinblick auf dasselbe

---

[1]) Th. Aq. Q. un. de anima a. 12. — Sent. I. d. 3. q. 4. a. 2.
[2]) Th. Aq. S. th. p. I. q. 45. a. 8.
[3]) Th. Aq. Q. 3. de verit. a. 1 ad 5. — Q. 3. de pot. a. 1. ad 2.

ein ihm synonymes Werk anfertigt, und erfahrungsgemäss unterliegt das Werden der Dinge in der Natur gleichfalls dem Gesetze der Synonymie. Entweder also hat die Synonymie der Naturprodukte ihren Grund in einem Werden durch Kunst oder in einem Werden von Natur. Wenn in einem Werden von Natur, was braucht es da des Hinschauens auf eine Idee? das würde ja nichts zu dem Werden beitragen, da die Natur ohne Einsicht und Wahl in der einen Richtung sich äussert, an welche sie gebunden ist. Wenn aber in einem Werden durch Kunst, und zwar durch eine solche Kunst, welche nach getrennten Ideen arbeitet, dann ist das Wort nicht wahr, dass die Synonymie des Productes mit dem Erzeuger in der Form begründet sei, welche diesem selbst das Sein verleiht. Ist das aber nicht wahr, so ergiebt sich der Widerspruch, dass auf natürliche Weise ein Product entsteht, welches das Ebenbild seines sinnfälligen Erzeugers ist, wenn auch dieser bei der Gestaltung des Dinges sich gleichgültig verhält. Da aber der Erfahrung zufolge in dem Gebiete der Natur nur dann ein Ding zur Aehnlichkeit mit einem anderen herangebildet wird, wenn dieses auf seine Erzeugung einen unmittelbaren Einfluss ausübt, so ist es doch ohne Zweck und von Ueberfluss, in der Erzeugung der Dinge für sich existirende Ideen als Musterbilder zur Geltung zu bringen[1]).

---

[1]) Th. Aq. in Met. I. 1. 15. t. c. 32. (Ar. 991 a 19.) „Hoc videtur esse opus exemplaris i. e. utilitas, quod artifex respiciens ad exemplar inducat similitudinem formae in suo artificio. Videmus autem in operatione naturalium rerum, quod similia ex similibus generantur, sicut ex homine generatur homo. Aut ergo similitudo ista provenit in rebus generatis propter respectum alicujus agentis ad exemplar aut non. Si non, quid erit opus i. e. utilitas, quod aliquod agens sit respiciens ad ideas sicut ad exemplaria? quasi dicat nullum. Si autem similitudo provenit ex respectu ad exemplar separatum, tunc non poterit dici, quod causa hujus similitudinis in genito sit forma inferioris generantis. Fiet enim aliquid simile propter respectum ad hoc exemplar separatum et non propter respectum ad agens hoc sensibile. Et hoc est quod dicit (Ar.) ‚et non simile illi', i. e. agenti sensibili. Ex quo sequitur hoc inconveniens, quod aliquis generetur similis Socrati, sive posito, sive remoto Socrate. Quod videmus esse falsum, quia nisi Socrates agat in generatione, nunquam generabitur aliquis similis Socrati. Si igitur hoc est falsum, quod non similitudo generatorum dependeat a proximis

Indessen scheint der englische Lehrer mit seinem Aristoteles nicht einerlei Meinung zu sein, denn in seiner Bearbeitung der Sentenzen erhebt er mit Rücksicht auf obige Frage des Philosophen: Wozu bedarf es eines Agens, das auf die Ideen hinblickend schafft? gegen Plato nur den Vorwurf, dass er die Ideen nicht habe in Gott ruhen lassen, vermeidet aber die ihnen beigelegte doppelte, sich gegenseitig ausschliessende Wirksamkeit zu besprechen, obwohl wir dies von ihm hätten erwarten können, gleich als wolle er sagen, nicht in dieser doppelten Wirksamkeit, sondern nur in ihrer von Gott getrennten Existenz könne der Grund gefunden werden, warum sie beseitigt werden müssten[1]). Was also ist die wirkliche Ansicht des Aquinaten über die von Plato den Ideen zugeschriebene Wirkungsweise?

---

generantibus, vanum et superfluum est ponere aliqua exemplaria separata." — Vergl. S. 38 Amk. 2. — Die Interpretation, welche Thomas hier giebt, ist dem Aristoteles untergeschoben. Dieser bezeichnet die Annahme eines blossen Vorbildes zur Erklärung des Werdens als ein nichtiges Gerede und eine blosse poetische Metapher, unter welcher sich der Mangel eines klaren Begriffes verberge. Denn was könne ein Vorbild nützen, wenn es nicht ausser ihm eine wirkende Ursache gebe, die bei ihrem Schaffen auf das Vorbild hinschaue? Gebe es eine solche nicht, so sei das Vorbild unnütz, gebe es aber eine solche, so werde das Vorbild entbehrlich. Denn warum solle das Wirken eines Agens nothwendig das Nachahmen eines Vorbildes sein? Nicht alles, was sei und werde, setze ein vorhandenes Vorbild voraus, dem es nachgebildet sein müsste. Ein dem Sokrates ähnliches Individuum könne werden, ob Sokrates sei oder nicht. Das Gleiche finde bei der Annahme eines ewigen Sokrates d. h. einer Idee des Sokrates statt. Τὸ δὲ λέγειν παραδείγματα αὐτὰ (τὰ εἴδη) εἶναι καὶ μετέχειν αὐτῶν τἆλλα κενολογεῖν ἐστὶ καὶ μεταφορὰς λέγειν ποιητικάς. τί γάρ ἐστι τὸ ἐργαζόμενον πρὸς τὰς ἰδέας ἀποβλέπον; ἐνδέχεται τε καὶ εἶναι καὶ γίγνεσθαι ὅμοιον ὁτιοῦν καὶ μὴ εἰκαζόμενον πρὸς ἐκεῖνο, ὥστε καὶ ὄντος Σωκράτους καὶ μὴ ὄντος γένοιτ' ἂν οἷόσπερ Σωκράτης· ὁμοίως δὲ δῆλον ὅτι κἂν εἰ ἦν ὁ Σωκράτης ἀΐδιος.

[1]) Th. Aq. Sent. I. d. 36. q. 2. a. 1. obj. 2. „Perfectius est agens quod non eget in sua actione ad exemplar respicere, quam quod exemplari indiget. Sed Deus est perfectissimum agens. Ergo non est sibi opus ideis, ad quarum exemplar faciat res, unde dicit Philosophus: Numquid est opus ad ideas respicere?" „Ad 2. r. d. quod si Deus indigeret respicere ad aliquod exemplar extra se, esset imperfectum agens, sed hoc non contingit, si essentia sua exemplar omnium rerum ponatur,

4.

In seiner Erläuterung der Aristotelischen Metaphysik merkt Thomas an, der Lehre Platos zufolge seien die Ideen die Ursachen der Entstehung der Dinge in **einer** Weise nach Art eines Erzeugers, in **anderer** Weise aber als Musterbilder[1]). Nicht ohne Absicht trifft er diese Unterscheidung, denn handelt es sich um sie als Naturkräfte, so kann der Kritik des Aristoteles zufolge von einer Theilnahme der Dinge an ihnen nicht gesprochen werden, wohl aber wenn sie als Musterursachen aufgefasst werden, die im Bereiche des von Intelligenz begleiteten Wirkens auftreten, weil die hervorgebrachten Dinge die ihnen übergeordneten Ursachen nur in unvollkommener Weise nachbildend darstellen[2]). Anderwärts scheint der Aquinate diese Unterscheidung thatsächlich zur Geltung zu bringen und die Platonischen Ideen bloss als solche Musterursachen aufzufassen. So giebt er den oben (S. 7 n. 3) vorgetragenen Beweis, durch welchen Plato sie als die formellen Prinzipien der sinnfälligen Dinge aufzeigen wollte, in folgender Gestalt wieder. Alles was durch Theilnahme (ein Prädikat) ist, muss auf etwas Ansichseiendes als seine Ursache zurückgeführt werden. Nun aber sind alle Sinnendinge nur durch Theilnahme an irgend einer Art, weil in den Dingen, wie sie die Erfahrung aufstellt, uns niemals der reine Artbegriff gegenübertritt, sondern nur in Verflechtung mit den individuellen Prinzipien erscheint. Also muss es an und für sich existirende Artbegriffe als Musterursachen geben[3]). Aber auch in dieser Fassung verrathen sich die Ideen als erzeugende Kräfte, die Wirkung wäre der Ursache synonym und adäquat,

---

quia sic intuendo essentiam suam omnia producit." — Vgl. Th. Aq. in l. de div. nom. c. 13. l. 1. „Aliquid dicitur imperfectum, quod non potest aliquid sibi simile facere."

[1]) Th. Aq. in Met. VII. l. 7. t. c. 28. Aristoteles (1033 b 26), sagt nur, dass die Ideen das Allgemeine sein und zugleich als Musterbilder gelten sollten.

[2]) Th. Aq. q. 4. de verit. a. 6. „Sicut dicit Dionysius causata deficiunt ab imitatione suarum causarum, quae eis supercollantur." Vgl. Sent. I. d. 48. q. 1. a. 1.

[3]) Th. Aq. S. th. p. I. q. 44. a. 3. n. 2. — S. c. gent. III. c. 69. Vgl. Procli. instit. prop. 19. p. 33.

mithin würde eine Naturwirksamkeit vorliegen. Es greift entweder die Kritik des Aristoteles Platz, dass nach dem Grundsatze Platos, von allen in einer Art übereinkommenden Dingen diese Art als eine getrennte Idee aufzustellen, von den sinnfälligen Dingen und ihrer Idee wiederum eine Idee angenommen werden muss, die sowohl von jenen wie von dieser getrennt existirt [1]) — oder es folgt, da Plato, wie Thomas in jenem Beweise oben andeutet, nicht so ins Unendliche fortgehen, sondern bei einem Ersten stehen bleiben wollte [2]), dass die Idee die Ursache ihrer selbst ist. Wiederholt macht der Aquinate nämlich darauf aufmerksam, dass, wenn zwei Dinge derselben Art angehören, das eine nicht die Ursache der Form als solcher für das andere sein könne, weil es sonst die Ursache seiner eigenen Form wäre, sondern es sei nur die Ursache einer derartigen Form, insofern diese in der Materie sei, d. h. insofern die bestimmte Materie die bestimmte Form erwerbe [3]). Indessen giebt er Plato die Prämisse zu. Für die Form muss eine Ursache gefordert werden, von welcher sie ihrem Begriffe nach bedingt ist; kein Individium kann ein anderes in die gleiche Art einreihen, als nur in der Kraft jener geforderten Ursache [4]). Aber er bestreitet und verbessert die Folgerung. Zu dem Begriffe des Menschen wie jedweden Sinnendinges gehört, dass er in der Materie zur Erscheinung komme, und so kann kein Mensch ohne Materie angetroffen werden. Wenn nun auch der Einzelmensch in Folge der Theilnahme an seiner Art das Dasein hat, so ist er doch nicht auf etwas zurückzuführen, das innerhalb seiner Art an sich existirte, sondern

---

[1]) Th. Aq. in Met. I. 1. 14. t. c. 30. (Arist. Met. 991 a 1 ff.)
[2]) S. S. 8 Amk. 1.
[3]) Th. Aq. S. th. p. I. q. 104. a. 1. — De sub. sep. c. 10. Vgl. Averrois Destructio destruct. disp. 3. f. 61. „Omne compositum habet componentem efficientem, compositio enim est conditio in esse compositi et impossibile est, ut sit res causa in conditione esse sui, nam sequeretur, ut res esset causa sui ipsius." in Met. XII t. c. 18. f. 304. „Intentio sermonis Aristotelis, quod conveniens fit a conveniente . . non est, quod conveniens agit per se et per suam formam formam sibi convenientis, sed est dicere, quod extrahit formam sibi convenientis ex potentia in actum." (Vgl. S. 18 Amk. 3.)
[4]) Th. Aq. Q. 3. de pot a. 7.

auf eine die Art umfassende und beherrschende homonyme Ursache [1]). Solche Ursachen findet nun Thomas in der Sonne und in den Gestirnen [2]). Doch bleibt er bei ihnen nicht stehen. Wer nämlich dem Dinge die Form spendet, verleiht ihm auch das Sein, welches immer mit der Form verknüpft ist. Nun aber schliesst das Sein der Form in der Materie an sich betrachtet nicht bloss jede Bewegung aus, sondern erfreut sich auch einer steten Unveränderlichkeit. Folglich müssen die Ursachen, von denen die Formen an sich abhängen, unkörperliche Wesen sein, und nicht sind es die Gestirne als solche, denn als der Bewegung unterliegende Körper haben diese nur insofern Einfluss, als sie ihn durch Bewegung und Umwandlung bewirken. Aber sie dienen den geistigen Substanzen als werkzeugliche Kräfte, und wie die Wirkung des Instrumentes von demjenigen beabsichtigt ist, der es handhabt und leitet, so richtet sich alle Bewegung und Erzeugung der irdischen Dinge nach der Absicht jener geistigen Wesen. Ebendarum müssen auch die Begriffe der Dinge, welche von den intellectuellen Wirkern bezweckt und ins Leben gerufen werden, in ihrem Verstande vorliegen und wie die Form des Werkes von der Idee des Künstlers in die Wirkung herabströmen [3]). So sagt auch Boethius, dass die Formen der Dinge in der Materie von Formen kommen, die ohne Materie existiren [4]), und insofern bewahrheitet sich das Wort Platos, dass die getrennten Formen die Prinzipien der Formen in der Materie sind, obwohl er sie als für sich seiende und die Formen der sinnfälligen Dinge unmittelbar verursachende Formen anschaute [5]).

---

[1]) Th. Aq. S. th. p. I. q. 44. a 3. ad 2.
[2]) Th. Aq. S. th. p. I. q. 79. a. 4. — Vgl. Averr. in l. de gener. anim. II. c. 3. Vol. 6. f. 75. — Destr. destr. disp. 3. f. 58. sq.
[3]) Th. Aq. Q. 5. de pot. a. 1. — S. c. gent. III. c. 24.
[4]) Boethii l. de trinit. Patrolog. Migne. Tom. 64. 1269 B.
[5]) Th. Aq. S. c. gent III. c. 24. — De sub. sep. c. 10. „Causam universalem totius speciei Platonici posuerunt speciem separatam a materia, ad modum quo omnium artificialium principium est forma artis non in materia existens, secundum Aristotelem autem hanc universalem causam oportet ponere in aliquo coelestium corporum." Vgl. Averr. Met. XII. t. c. 31. f. 318. „Formae materiales forte videntur habere duplex esse sc. in actu sc. materiale esse, quod habent, et esse in po-

Indem Thomas auf diese Weise das Wirken der Platonischen Ideen mit dem der intellectuellen Substanzen vergleicht, beseitigt er ihre angebliche Function als Naturkräfte und fasst bloss ihre Eigenthümlichkeit als Musterursachen ins Auge. Daraus folgt, dass er hier die Bemerkung über ihre unmittelbare Wirksamkeit in einem anderen Sinne versteht als dort, wo er mit ihr die Auffassung des Aristoteles wiedergiebt.

Plato, schreibt er in der Bearbeitung der Aristotelischen Schrift von dem Entstehen und Vergehen, träumte von der Natur der Ideen als hinreichenden Ursachen in der Entstehung der Dinge. Er ging von der Voraussetzung aus, von dem Seienden bilde einiges selbständige Artsubstanzen, anderes aber nehme an diesen theil und verdanke ihnen als den formellen Gründen das Sein, aber es entstehe durch Aufnahme der Artsubstanz und vergehe durch den Verlust derselben. Er lehrte nämlich, die Ideen seien ewig und verhielten sich wie den erzeugten Dingen aufgeprägte Siegel; empfange die Materie durch Theilnahme an ihnen das Gepräge, so entstehe das Ding, schwinde aber das Gepräge, so bleibe die Idee zwar ewig, aber das Einzelding vergehe. Wenn also das die Natur der Ideen ist, wie Plato meinte, so müssen sie durch ihre Anwesenheit die Ursache des Entstehens und durch ihre Abwesenheit die Ursache des Vergehens sein.

Aber wenn sie hinreichende Ursachen sind, wirft Aristoteles ein, warum werden dann die Dinge nicht immer und ununterbrochen erzeugt? Dafür, dass diese morgen und nicht heute entstehen, liegt kein entscheidender Grund vor, da die Ideen und die Theilnahme d. h. die Materie sich immer auf gleiche Weise verhalten. Sodann springt es sofort in die Augen, dass das von Einsicht geleitete Wirken ausser dem Musterbilde noch ein Prinzip erfordert, von dem die Bewegung ausgeht. Da aber die Kunst die Natur nachahmt und in der

---

tentia sc. esse, quod habent in illa forma (motore corporum coelestium). Et dico in potentia, quemadmodum dicimus, quod formae artificiales habent esse in actu in materia et in potentia in anima artificis. Unde hae formae videntur habere duplex esse, abstractum et materiale. Et hoc quidem est quod facientes formas volunt dicere, sed non perveniunt ad **ipsum.**"

Kunst ausser der Form und die Materie als dritte Ursache noch das Bewegende angetroffen wird, so muss dieses auch in der Natur sich vorfinden. Die Platonischen Ideen leiden also daran, dass ihnen das Prinzip der Bewegung mangelt[1]).

Aristoteles giebt also Plato Recht, wenn seine Vorstellung von der Naturwirksamkeit die richtige sei, aber sofort weist er es als einen Widerspruch nach, einem Dinge Naturwirksamkeit beizulegen, ohne ihm ein Prinzip der Bewegung immanent sein zu lassen. Dasselbe thut auch Thomas dort, wo er unter Berufung auf den von Aristoteles an erster Stelle erhobenen Einwand den Platonischen Ideen als den angeblich über die Erzeugung waltenden Prinzipien die Himmelskörper gegenüberstellt, durch deren substantielle Unveränderlichkeit die ununterbrochene Fortdauer des Entstehens und Vergehens, durch deren lokale Veränderung, Annäherung und Entfernung und mannigfaltige Drehungen das Entgegengesetzte und Verschiedenartige in der sublunarischen Welt verursacht werde[2]).

Indem er aber den Einfluss, den die Platonischen Ideen auf die Gestaltung der Dinge ausüben sollen, mit dem der intellectuellen Substanzen vergleicht, die nicht nach Weise der Natur, sondern nach Weise der Kunst auf die Entstehung der Dinge einwirken, findet er an Plato zu tadeln, dass er sich keine richtige Vorstellung von der Wirksamkeit eines intelligenten geschaffenen Künstlers gebildet habe. Dieser könne nicht unmittelbar die Entstehung des beabsichtigten Werkes herbeiführen, sondern müsse sich immer einer fremden Natur als eines Werkzeuges bedienen[3]).

---

[1]) Th. Aq. in 1. de gen. et corrupt. II. 1. 9 Ar. 335 b 10).

[2]) Th. Aq. Q. 5. de verit. a. 9. — St. th. p. I. q. 115. a. 3. ad 2. Vgl. in Met. VII. l. 5. t. c. 30. (Arist. 1071 b.) „Nihil prodest opinio Platonis ponentis substantias sempiternas, quod est insufficiens at sustinendum sempiternitatem motus. Non enim ad hoc sustinendum prodest, si fingamus aliquas substantias separatas sempiternas, nisi in eis sit aliquod principium habens potentiam ad transmutandum, quod non videtur convenire speciebus. Species enim nihil aliud ponebantur quam universalia separata. Universalia autem in quansum hujusmodi non movent. Nam omne principium motivum est aliquod singulare."

[3]) Vgl. Averr. in 1. de gen. anim. II. a. 3. f. 75 sq.

Dieser doppelte Gesichtspunkt, welchen Thomas in dem Urtheil über die Wirksamkeit der Platonischen Ideen einnimmt, erklärt es, warum er, angenommen es gebe deren, als Interpret des Aristoteles ihnen gar keinen Erfolg verspricht, anderwärts aber einen solchen ihnen zugesteht.

Wenn die Ideen die Prinzipien in der Entstehung der Dinge nach Weise eines Erzeugers wären, so lesen wir in seinem Commentar zu der Aristotelischen Metaphysik, dann müssten, da sie als Prädikate nicht ein Dieses, sondern etwas Derartiges und Unbestimmtes bezeichnen, auch ihre Producte diese Beschaffenheit aufweisen. Nun ist aber alles auf natürliche Weise Entstehende ein Dieses, etwas aus Stoff und Form Vereinigtes. Also muss auch der Erzeuger ein Dieses sein, mithin tragen die Ideen zu der Erklärung des Werdens Nichts bei[1]). In der theologischen Summa hingegen äussert er sich in anderer Weise. Plato habe die Formen in den sinnfälligen Dingen als bestimmte und auf diese oder jene Materie eingeschränkte angesehen, die getrennt existirenden Formen aber als mit der Materie nicht behaftete und gleichsam (s. S. 69 Anmk. 1) als universelle. Ebendarum habe er jene von diesen verursacht sein lassen, und das mit Recht. Denn in eben dem Maasse, wie etwas sich mittheile, müsse es auch das mittheilen, was ihm eigenthümlich sei. Nun aber trete das Wirken als eine Eigenthümlichkeit des Actes als solchen auf. Darin also, dass etwas eine durch die bestimmte Materie determinirte Form sei oder nicht, liege der Grund, dass es als beschränktes, partikuläres oder als unbestimmtes und universelles Agens auftrete. Wenn es also eine getrennte Form des Feuers gäbe, wie Plato gewollt habe, so wäre sie allerdings auf gewisse Weise die Ursache von allem Feuerigen, aber diese bestimmte Form des Feuers in dieser bestimmten Materie verursache ein bestimmtes Feuerige, und diese Weise des Wirkens könne nur durch die Berührung zweier Körper stattfinden[2]).

---

[1]) Th. Aq. in Met. VII. l. 7. t. c. 28. (Arist. 1033 b 26.)
[2]) Th. Aq. S. th. p. I. q. 115. a. 1. — Vgl. in Arist. l. de gener. et corrupt. I. l. 19. t. c. 55. „Sic esset aliquod calidum separatum a

So weist denn nun Thomas die Nothwendigkeit auf, dass die intellectuellen Substanzen in ihrer Herrschaft über das Entstehen der Dinge der Wirksamkeit einer fremden Natur nicht entrathen können. Ein körperliches Agens wird erfordert, damit die Form anfange zu sein, insofern die Form nur in der Materie zu sein anfängt. Für die Form ist es nämlich nicht gleichgültig, wie sich die ihr unterliegende Materie verhält, weil der eigenthümliche Act auch in der eigenthümlichen Materie sein muss. Wenn also die Materie in einer Disposition sich befindet, welche einer Form nicht zukommt, so kann sie diese von dem unkörperlichen Prinzipe nicht unmittelbar erwerben. Folglich muss ein Prinzip vorhanden sein, welches die Materie umwandelt — und das ist ein körperlicher Wirker, dem es zukommt, durch Bewegung thätig zu sein. Doch bethätigt sich dieser in Kraft des unkörperlichen Prinzipes, und seine Wirksamkeit ist dazu bestimmt, jene Form in der Materie zur Erscheinung zu bringen, entweder insofern eine gleiche Form ihm actuell innewohnt, wie den synonymen Ursachen, welche zur Erzeugung der höheren lebenden Wesen erforderlich sind — oder insofern er sie der Kraft nach in sich trägt, wie die Gestirne, welche zu der Hervorbringung der aus den Zersetzungsstoffen sich entwickelnden Organismen genügen. Die körperlichen Wirker sind also wahrhaft die Prinzipien der Formen in den von ihnen herbeigeführten Dingen, aber da sie nur als bewegende und umwandelnde Ursachen auftreten können, nicht anders als sie die Materie vorbereiten und die Form educiren. Sie haben als solche nur das Werden der Dinge zur Folge, keineswegs aber das Sein der Dinge schlechthin. Ist nämlich ihre Leistung beendet, so erlischt die Eduction der Form, nicht aber verschwindet die Form selbst, da sie dem gewordenen Dinge das Sein verleiht[1]).

---

materia, hoc nihil pateretur. Sed forsan impossibile est tale separatum, licet quidam hoc dixerunt. Si autem aliqua sint talia, in illis verum est quod dicitur sc. quod nihil patiuntur (sed tantum agunt)." — Vgl. Th. Aq. Q. un. de spirit. creat. a. 2.

[1]) Th. Aq. Q. 5. de pot. a. 1. Vgl. Averrois Destr. destr. disp. 4. in sol. primi dubii.

5.

Da die intellectuellen Substanzen nicht im Stande sind, unabhängig von einer äusseren Natur den Dingen die Form ihrer Zwecke zu geben, so können sie nicht als absolute Ursachen das Sein der Dinge beherrschen. Das Sein folgt zwar immer der Form, aber nur unter Voraussetzung des Einflusses der ersten und höchsten Ursache[1]). Hier verwerthet Thomas abermals das obige Beweisverfahren Platos. Jede gemeinsame Bestimmung der Dinge muss von einer Ursache bewirkt sein. Denn der Grund, warum jene zwei Dingen zukommt, kann nicht in einem jeden von beiden selbst liegen, da jedes nach seinem Selbstsein sich von dem anderen unterscheidet, die Verschiedenheit der Ursachen also verschiedene Wirkungen zur Folge haben würde. Nun aber haben alle Dinge das Sein als etwas Gemeinsames, und hinwiederum unterscheidet sich jedes von ihnen nach seinem Selbstsein von den übrigen. Mithin kann das Sein nicht einem jeden wegen seiner selbst zugesprochen werden, sondern muss ihnen allen von einer Ursache zuertheilt sein. Das ist der Grund, warum Plato vor jede Vielheit eine Einheit gesetzt haben wollte, nicht bloss in dem Gebiete der Zahlen, sondern auch in dem Bereiche der Dinge[2]).

Hier mag nun die Frage beantwortet werden, warum Thomas dieses Beweisverfahren bezüglich des subsistirenden Seins anerkennt, aber es nicht angewandt haben will, um das Dasein anderer angeblich für sich existirenden Wesenheiten, wie des Lebens an sich, der Vernunft an sich, des Menschen an sich mit Plato festzustellen. Der Begriff des Körperlichen schliesst als wesentlichen Bestandtheil etwas Unvollkommenes, das Materiellsein in sich, nicht aber der Begriff des Lebens und der Vernunft an sich genommen. Ebendesswegen kann es keinen Körper an sich als bloss in dem Intellecte geben. Wohl aber müssen wir alles Lebendige und alles Vernünftige auf etwas zurückführen, das durch sich selbst das Leben und

---

[1]) Th. Aq. a. a. O. ad 18.
[2]) Th. Aq. q. 3. de pot. a. 5. — Vgl. August. de. civ. Dei VIII. c. 6. — de trinit. VIII. c. 2, — Enarr. II. in Ps. 26. n. 8.

die Vernunft ist und alles Lebendige und Vernünftige verursacht hat, aber nicht auf getrennt von einander existirende Idealwesen, sondern auf das eine durch sich selbst Seiende, welches zugleich das Leben an sich und die Vernunft an sich ist, und dies darum, weil es sonst nicht die Ursache von allem übrigen Seienden wäre, da auch das Lebendige und Vernünftige ein Seiendes ist[1]). Demzufolge kann in doppelter Weise von einem Musterbilde in Gott geredet werden, das einemal insoferne es in seinem Intellecte sich befindet und das andere mal, insoferne es in seiner Wesenheit als eine schlechthinige Vollkommenheit vorliegt, und so ist Gott auf Grund seines Lebens, seiner Vernunft und seines Seins das Vorbild von allem Lebendigen, Vernünftigen und Seienden [2]). Plato hatte also darin Recht, dass er ein Sein an sich, ein Leben an sich und eine Vernunft an sich aufstellte, aber er hatte nicht Recht, insofern er diese beiden Prinzipien von einander getrennt existiren und nicht mit dem einen Sein an sich, das wir Gott nennen, zusammenfallen liess [3]).

Dass er aber den Grund alles Seienden entdeckte, war sein grosses Verdienst. Dadurch erhob er sich weit über alle seine Vorgänger. Die Forschung nach dem Ursprunge der Dinge vollzog sich nämlich in einer gewissen Stufenfolge. Nicht im Stande, zwischen dem Wesenhaften eines Dinges und dem ihm Beigemengten die Grenze zu ziehen, fanden die ältesten Philosophen in dem Entstehen und Vergehen nur eine accidentelle Veränderung derselben Substanz und verlegten in diese, welche sie Materie nannten, den letzten Grund alles Werdens. Andere machten dann einen kleinen Fortschritt, sie suchten nach dem Ursprunge jener Substanz und stellten einige Prinzipien auf, aber nur körperliche, aus deren Vereinigung andere Körper entstehen sollten, als ob eine Mischung und Trennung das Werden der Dinge herbeiführte. Die Späteren drangen weiter vor; auf den Unterschied zwischen Form und Materie aufmerksam geworden, redeten sie von

---

[1]) Th. Aq. in 1. de div. nom. c. 5. l. 1.
[2]) Th. Aq. Sent. I. d. 19. q. 5. a. 2. ad 4.
[3]) Th. Aq. in 1. de div. nom. c. 5. l. 1.

einer substantiellen Umwandlung, insofern die Materie abwechselnd verschiedene Formen aufnehme. Aber erst Plato begriff, dass es ausser dieser Entstehungsweise noch eine höhere gebe, nach welcher die Dinge nicht bloss aus dem Nicht — das — sein, sondern aus dem absoluten Nichtssein hervorgerufen werden, dass eine Ursache vorhanden sei, welche nicht bloss bewirkt, dass die Dinge von dieser und jener Art sind, sondern überhaupt, dass sie sind[1]), und wenn er auch mit der Behauptung, die immateriellen Substanzen seien von Ewigkeit her gewesen, die Wahrheit verfehlte, so ist doch nicht daran zu denken, dass er ihnen die Ursache ihres Seins entzogen habe [2]).

Da eine Ursache, auf einer je höheren Stufe sie steht, eine desto allgemeinere Wirkung hervorbringt, so ist die letzte und breiteste Unterlage der Dinge auf Gott als die erste Ursache zurückzuführen. Das allgemeinste Substrat bildet aber die Materie und das Sein der Dinge, weil beides durch etwas Späteres näher bestimmt und eingegrenzt wird [3]).

In Rücksicht auf die Materie bedarf dieser Satz keiner Erläuterung. Doch scheint Thomas über die Lehre Platos in Betreff des Ursprungs der Materie zu schwanken. Bald äussert er sich dahin, Plato habe sie unerschaffen sein lassen, bald aber, er habe sie als das Product der höchsten Idee des Guten angesehen [4]).

---

[1]) Th. Aq. Q. 3. de pot. a 5. — De sub sep. c. 9.

[2]) Th. Aq. De sub. sep. c 9. — In seiner Erklärung der Sentenzen spricht Th. sich anders aus: II. d. 1. q. 1. a. 1. „Plato posuit tria principia, agens (Deum) materiam et formas separatas et nullum esse causam alterius, sed per haec tria causari mundum et res, ex quibus mundus constat."

[3]) Th. Aq. S. th. p. I. q. 65. a. 3.

[4]) Th. Aq. S th. p. 1. q. 15. a. 3. ad 3. „Plato secundum quosdam posuit materiam non creatam" Vgl. Chalcidii in Tim. ed. Par. 1520. p. 399. „Platonis de sylva sententia, quam diverse interpretati videntur auditores Platonis, quippe alii generatam dici ab eo putaverunt .. alii vero sine generatione." — Th. Aq Q. de spir. creat. a. 3. „Posuerunt Platonici, quod quanto aliqua causa est universalior .. tanto ejus perfectio in aliquo individuo magis est substrata, unde effectum primi abstracti, quod est bonum, posuerunt materiam primam." (Thomas spricht hier zwar von den Platonikern, aber unmittelbar vorher nennt er Plato,

Was aber das Sein angeht, so könnte jener Satz zweifelhaft erscheinen, da von ihm behauptet wird, dass es der Form folge. Nach der Ordnung der Inhärenz wohnt zuerst die Form dem Dinge ein, das Sein aber vermittelst der Form, und in diesem Sinne ist es wahr, dass die Form als das Frühere, das Sein aber als das Spätere bezeichnet werden muss. Die Materie wird nämlich unmittelbar mit der Form verbunden, und aus dieser Verbindung resultirt das Compositum. Die Form ist also das Mittel, wodurch die Materie und das Compositum das Sein erwirbt, weil das Compositum nicht wäre, wenn nicht die Form der Materie inhärirte. Hingegen was die Ordnung der Wirklichkeiten oder der formellen Prinzipien eines Dinges anbetrifft, so behauptet das Sein den Vorrang. Denn was immerhin wirklich genannt wird, ist dies nur durch das Sein, und so sind die Formen etwas Späteres als das Sein selbst. An einem materiellen Dinge lässt sich dieses Verhältniss leicht aufzeigen. Nicht der Form als solcher kommt das Sein in erster Linie zu, sondern dem materiellen Dinge selbst und in Folge davon erst der Materie und der Form. Es ist gleichsam, als wenn die Form und das Sein in keinem Verhältnisse zu einander stünden, sondern erst der Vermittlung bedürften. Denn das Sein ist unmittelbar und zuerst die Wirklichkeit des Dinges selbst, und vermittelst des Dinges ist das Sein selbst die Wirklichkeit der Form, nicht aber als eines selbständig Seienden, sondern als des Elementes, wodurch das Ding ist[1]).

In diesem Sinne ist das Sein selbst ein Product der schöpferischen Wirksamkeit Gottes, die übrigen Vollkommenkommenheiten aber erhält das Ding von anderen Ursachen,

---

wie er denn oftmals das Subject ‚Plato' mit ‚Platoniker', auch mit ‚einige Platoniker' austauscht, z. B. de sub. sep. c. 11. — de div. nom. I. 1. 3.) — Vgl. Procli l. de malorum subsistentia, Fabric. Bibl. Graec. Hamb. 1804. Vol. IX. (p. 402 „exstat hic liber latine ex Guil de Morbeka versioni) n 3. p. 402 „(Proclus respondet) esse etiam ex Deo corpus et materiam, ambo Dei gennemata profitetur, materiam τὸ πρῶτον ἀόριστον substantialemque infinitatem perinde ut corpus mixtum a Deo, una causa, dependere."

[1]) Th. Aq. de quat. opposit. c. 1. — Vgl. Procli Inst. theol. prop. 157.

die mehr auf die Gestaltung des Substrates von Einfluss sind, indem sie das geschaffene Sein näher und näher bestimmen [1]). Doch ist dies nicht so zu verstehen, als ob Gott die Ursache der Dinge lediglich bezüglich ihres Seins im Allgemeinen wäre, ihr spezifisches Wesen und die Grade ihres Seins aber von anderen ihm und einander untergeordneten Ursachen herrührten, wie Plato lehrte [2]), weil alles, was die substantiellen Prädikate ausdrücken, in dem Dinge eine einfache Einheit bildet und die Wirkung nicht einfacher als die Ursache sein kann [3]), sondern Gott ist die Ursache von allen Bestimmungen, die in dem Geschöpfe sich finden. Da nämlich durch die Ursachen niederen Ranges jedwedes Ding zu seinem eigenthümlichen Sein determinirt wird, sie alle aber von der ersten ihr Dasein haben und von ihm in ihrem Wirken bedingt sind, so muss, was immer in den Dingen ist, sei es nun das Gemeinsame oder Eigenthümliche, von Gott als seiner Ursache hergeleitet werden [4]).

Die Weise aber, in welcher Gott sich bethätigt, ist eine unmittelbare. Dies erhellt, sobald wir an dem Operationsprinzip ein Doppeltes unterscheiden, das Wirkende selbst und die Kraft, vermittelst deren die Wirkung von ihm ausgeht. Je unmittelbarer ein Wirkendes etwas hervorbringt, desto vermittelter erscheint seine Kraft, und so ist die Kraft des höchsten Wirkers die unmittelbarste. Gott ist nun aber auch seine eigene Kraft und ebendesswegen nicht bloss das unmittelbare Prinzip der Operation in allen Dingen der Kraft nach, sondern auch das in allen Dingen unmittelbar Wirkende [5]).

---

[1]) Th. Aq. Sent. II. d. 1. a. 3. et a. 4.
[2]) Th. Aq. de subst. sep. c 11. — in ep. S. Pauli ad Col. 1. 4. Platonici dixerunt, quod Deus creavit angelos (substantias separatas, ideas) et per ipsos naturas corporeas. Vgl. Averrois in Met. XII. t. c. 44 f. 328. „Plato dixit in suis verbis obscuris, quod creator creavit angelos manu, deinde praecepit eis creare alia mortalia." Destr. destruc. disp. 3. f. 51. „Alii putaverunt, quod multiplicatio (creaturarum) provenit ex mediis. Et primus, qui hoc posuit, fuit Plato." Vgl. Procl. Inst. prop. 157.
[3]) Th. Aq. de subst. sep. c. 11.
[4]) Th. Aq. Sent. I. d. 35. q. 1. a. 3.
[5]) Th. Aq. Sent. I. d. 37. q. 1. a. 1. ad 4.

Wie also, wenn die durch Bewegung sich bethätigende Ursache ihr Geschäft zum Abschlusse gebracht hat, das Werden des erzeugten Dinges erlischt, so verschwindet auch, wenn Gott seinen Einfluss zurückzieht, im selben Augenblicke das Sein des von ihm geschaffenen Dinges. Gott verhält sich zu den Geschöpfen nicht wie das Siegel zu dem Gepräge des Wachses, denn nach Entfernung des Siegels bleibt das Gepräge zurück[1], sondern wie die Sonne zu der erleuchteten Luft, hört die Sonne zu scheinen auf, so bleibt die Luft auch nicht einen Augenblick lang erleuchtet[2].

Wie sollen wir dem Gesagten zufolge nun die Wirksamkeit Gottes charakterisiren? Die Form der Wirkung, sagt Thomas, findet sich anders in dem Wirker, der durch seine Natur, anders in dem, der durch Kunst sich bethätigt. In dem natürlichen Wirker so, dass er vermittelst ihrer die Wirkung in ihrer Natur sich assimilirt. Doch kann dies in doppelter Weise geschehen, entweder wird die Wirkung dem Wirker als seiner Kraft adäquat in vollkommener, oder als seiner Kraft inadäquat in unvollkommener Weise assimilirt. Im ersten Falle wohnt ihm die Form der Wirkung dem gleichen Begriffe nach ein, im zweiten aber nicht, sondern in höherer Weise, wie die Form des Feuers der Sonne.

In den Wirkern hingegen, die sich durch Kunst geschäftig erzeigen, präexistirt die Wirkung zwar nach dem gleichen Begriffe, aber nicht nach derselben Weise des Seins. In der Wirkung eignet ihr nämlich ein materielles, in dem Verstande des Künstlers aber ein immaterielles Sein. Jedoch verhält sich die Idee dortselbst nicht wie die Denkform, durch welche die Erkenntniss sich vollzieht, sondern wie das Object, welches erkannt wird.

Auf beide Weisen sind nun die Formen der Dinge in Gott. Denn wenn er die Dinge auch durch seinen Intellect (durch Kunst) bewirkt, so ist doch dabei seine Natur nicht unthätig. Des geschaffenen Werkmeisters Kunst agirt nämlich in Kraft einer fremden Natur, deren sie sich als eines Werk-

---

[1] a. a. O. ad 3.
[2] Th. Aq. Q. 5. de pot. a. 1. — S. th. p. I. q. 104. a. 1.

zeuges bedient. Der Baumeister ist die Ursache des Hauses nur bezüglich des Entstehens, nicht aber bezüglich des Seins schlechthin. Die Form, an welche das Sein und der Bestand des Hauses geknüpft ist, beruht in der Ordnung und dem Gefüge der Theile und ist von der Unnachgiebigkeit und Cohäsion des verwendeten Materials bedingt. Wie nämlich der Koch die Speisen unter geschickter Verwendung der natürlichen Kraft des Feuers zubereitet, so errichtet der Baumeister das Haus aus einem Material, welches zur Aufnahme und Bewahrung der Construction eine natürliche Tauglichkeit besitzt. Die göttliche Kunst hingegen ist wegen ihrer Vollkommenheit nicht an die Beihülfe einer fremden Natur gewiesen, was sie leistet, bringt sie in Kraft ihrer eigenen Natur hervor. Die Formen der Dinge liegen in der göttlichen Natur wie in einer activen Kraft, aber nicht nach demselben Begriffe, weil alle in ihr eine untheilbare Einheit bilden und keine Wirkung, auch die vollkommenste nicht, dieselbe erschöpft[1]). Die Kraft Gottes, seinen eingeborenen Sohn zu zeugen und die Geschöpfe ins Dasein zu setzen, ist an sich betrachtet ein und dieselbe, aber sie ist Natur, insofern sie aus eigenem Antriebe sich bethätigt, Kunst, insofern sein Wille den Meister über sie spielt, und nach diesem Gesichtspunkte setzt die göttliche Kunst die göttliche Natur voraus und gründet und wurzelt in ihr[2]).

Da nun Thomas dort, wo er die Platonischen Ideen mit den göttlichen zusammenhält, kein anderes Gebrechen als ihre angebliche Selbständigkeit entdeckt, so erhellt aus dem Vorgetragenen, wie er sich die Wirksamkeit denkt, welche Plato ihnen beigelegt habe, und was es besagen soll, wenn er ihm die Lehre leiht, die Ideen seien die Ursachen in der Ent-

---

[1]) Th. Aq. Q. 7. de pot. a. 1. ad 8. S. th. I. q. 104. a. 1.
[2]) Th. Aq. Q. 2. de pot. a. 6. ad 1. et ad 4. — Q. 3. de pot. a. 15. ad 3. — Vgl. Q. 4. de verit. a. 1. ad 3. „Inter agens et patiens est medium, sicut instrumentum artificis est medium inter ipsum et artificiatum .. et hoc modo Filius est medium inter Patrem creantem et creaturam factam per Verbum, non autem inter Deum creantem et creaturam, quia ipsum verbum etiam est Deus creans." Vgl. S. 29 Anmerk. 5.

stehung der Dinge in einer Weise nach Art eines Erzeugers und in anderer Weise nach Art eines Musterbildes. Wohl sind die göttlichen Ideen, wenn Nachdruck auf das Wort gelegt wird, nicht zeugende, sondern schaffende Kräfte, aber auch Plato will das Wort ‚zeugen', von den Ideen ausgesagt, nicht im strengen Sinne, sondern für das Wirken gebraucht haben, wie es den höheren Ursachen zukommt[1]).

Wir begreifen jetzt, wie Thomas dazu kam, in seinem Tractate von den göttlichen Ideen die Lehre Platos zu verwerthen, aber wir haben auch die Einsicht gewonnen, wie weit er in der Auslegung derselben von Aristoteles abweicht. Dieser hält die Ideen für verselbständigte logische Denkformen, die ihre Macht in dem Werden der Dinge bekunden sollen, er fasst sie als die nächsten Ursachen des Entstehens und findet, dass sie nichts zur Erklärung des Werdens beitragen, da sie weder mit dem Erzeugten synonym, noch Prinzipien der Bewegung sind[2]). Sie sollen die Entstehung herbeiführen, indem sie mit dem Sinnfälligen sich mischen oder mit den Dingen sich vereinen, nicht zwar wie die Form mit der Materie, sondern durch eine geistige Berührung, insofern

---

[1]) Th. Aq. Q. 3. de verit. a. 1. ad 5. „Ideae existentes in mente divina ... non sunt generantes, si fiat vis in verbo, sed sunt creativae et productivae rerum..." — Th. Aq. in 1. de coelo et mundo. I. 1. 6. „Quod Plato posuit coelum (et totum mundum) genitum non intellexit ex hoc, quod est generationi subjectum, quod Aristoteles hic negare intendit, sed quod necesse est ipsum habere esse ab aliqua superiori causa, utpote multitudinem et distinctionem in suis partibus habens per quod signatur esse ejus a primo uno causari, a quo oportet multitudinem causari." Vgl. Simpl. C. in 1. de coeli I. t. c. 21. f. 14. „Genitum communiter dicitur, quod suiipsius subsistentiam ab aliqua causa accipit ... multitudinem necesse participare uno etc."

[2]) Th. Aq. Q. 3. de verit. a. 1. ad 5. „Nec oportet agens primum in compositione esse simile generato, oportet autem hoc de agente proximo, et sic ponebat Plato ideas esse generationis principium proximum." — Vgl. Averr. in Met. XII. t. c. 29. f. 309. „Primum principium non debet esse conveniens.... Dicere conveniens verificatur .. in causis agentibus tribus conditionibus sc. ut sit in agente, non in instrumento, et in propinquo, non in remoto, et in agente essentialiter, non accidentaliter" — Werden die Ideen als die ersten Prinzipien gefasst, so fällt der Tadel des Aristoteles, dass sie mit ihren Producten nicht synonym seien, hinweg.

sie nach Art einer Formalursache auf ihre Gestaltung und Erhaltung von Einfluss sind, selbst aber keine Rückwirkung von diesen erleiden, doch weist Aristoteles auf ihre Energielosigkeit hin, da sie als vermeintliche, durch ihre Natur sich bethätigende und auf kein Hinderniss stossende Kräfte nicht ununterbrochen ihre Aufgabe erfüllen. In der ihnen zugesprochenen doppelten Wirksamkeit erkennt Letzterer ferner, wenn wir der Interpretation des Aquinaten Glauben schenken, einen unglücklichen Widerspruch, der den Ideen den Tod bereitet.

Ganz anders redet Thomas. Zwar lassen sich Aussprüche von ihm finden, in welchen er die Auffassung und Kritik des Stagariten wiedergiebt, aber vorwiegend sind ihm die Platonischen Ideen ursächliche, das Einzelne ins Dasein rufende, lebendige Prinzipien, die über das Entstehen und Bestehen der Dinge gebieten und walten. Wenn er auch das Ungereimte zugiebt, dass sie als Natur die Natur beherrschen, so erklärt er sie doch als geistige Substanzen, die mit Einsicht und Willen ihr Geschäft verrichten,[1]) er stellt sie als quasi universelle Ursachen und göttliche Kräfte hin, die Formen aus dem Nichts hervorbringen, vermittelst deren sie den Dingen Antheil an sich gewähren. Dass sie nach Weise der Natur und zugleich mit Wissen und Freiheit ihre Erfolge herbeiführen, schliesst sich nicht aus, sondern ist das Zeichen eines göttlichen Wirkens. Wenn wir nämlich das Reich der wirkenden Ursachen eintheilen wollen, so müssen wir zuerst die unendliche von den endlichen absondern, da diese sammt und sonders in lezter Instanz auf einen Erwerb ausgehen, jene aber bedürfnisslos von ihren Vollkommenheiten Mittheilung macht[2]). Erst innerhalb des Gebietes der geschaffenen Ursachen

---

[1]) Th. Aq. in Met. III. l. 4. in fin. „In his, quae neque moventur nec movent, non est consideratio principii motus nec finis sub ratione finis motus, quamvis possit considerari finis sub ratione finis alicujus operationis sive motus sicut si ponantur esse substantiae intelligentes non moventes, ut Platonici posuerunt, nihilominus tamen inquantum habent intellectum et voluntatem oportet ponere in eis finem et bonum, quod est objectum voluntatis."

[2]) Th. Aq. Sent. I. d. 8. exp. text. „Omnia alia agentia ab ipso (Deo) agunt propter finem alium a se et ideo acquisitione illius finis indigent, ipse autem Deus propter seipsum omnia facit."

können wir die durch Natur d. i. durch das Prinzip der Bewegung und die mit Intelligenz und Freiheit sich bethätigenden Wirker unterscheiden. Hier ist es nun, wo Aristoteles der Interpretation des Aquinaten zufolge die Ideen unterbringt[1]), und mit Recht stellt er ihre behauptete doppelte Wirksamkeit als unvereinbar hin. Wenn dagegen Thomas von der natürlichen Wirksamkeit Gottes redet, so versteht er unter Natur das Prinzip, von welchem unmittelbar die Mittheilung ausgeht[2]).

Weit entfernt also, dass Aristoteles einzig die getrennte Existenzweise der Ideen bekämpft, hebt er vielmehr an ihnen Eigenschaften hervor, die sie ganz ungeeignet erscheinen lassen, sie ohne weiteres in Gott zu versetzen, abgesehen davon, dass er auch nicht mit einem Worte ihr Verhältniss zu dem göttlichen Verstande erwähnt und sie als das hinstellt, was das Wesen der Dinge ausmache.

---

[1]) Vgl. Th. Aq. Sent. II. d. 17. q. 1. a. 2. ad 4. „Philosophus loquitur de agente naturali, quod ex materia operatur, ut rationes suae ostendunt, quae ex hoc principio procedunt, quod in omni factione oportet esse tria, sc. ex quo fit et id, in quod factio terminatur, et ipsum faciens, et ex hoc concludit, quod fieri non est formarum nisi per accidens.... Sec. Avicennam (Met. tr. 9. c. 4.) agens divinum non agit per motum, ut materiam exigat. Commentator etiam dicit (Averr. in Met. XII. l. c. 30) quod actio aequivoce dicitur de actione, qua Deus agit et de actione naturali."

[2]) Vgl. Averr. Destr. destruct. disp. 12. f. 111. „Id, in quo involvuntur (Algacel et sequaces ejus) est, cum dicunt, si est agens (mundi) aut est naturaliter aut voluntarie. Et ipsi quidem non intelligunt nec quid sit natura, nec quid sit voluntas. Nam... natura apud Philosophos dicitur dupliciter. Et primo de ascensu ignis superius et descensu lapidis inferius. Et hic quidem motus provenit ex ente, cui evenit quid accidentale, et est ut sit res extra locum suum, et est ibi cogens, quod cogit eam, et Deus glorios. absit, quod sit hujus naturae. Et secundam proferunt etiam eam de omni potentia, a qua provenit actio intellectualis, ut sunt operationes, quae proveniunt ex artibus. Et aliquis attribuit huic naturae, quod sit intellectus, et aliqui dicunt, quod non habet intellectum, sed operatur naturaliter. Attamen ipsi (Philosophi) dicunt, quod provenit ex intellectu, quoniam assimilant eam rebus artificialibus, quae moventur ex seipsis et emanant ab eis operationes proportionatae et ordinatae. Et ideo dicit Aristoteles, princeps Philosophorum, manifectum est, quod natura intellectus dominatur toti."

Neuntes Kapitel.
Die Ideen als die Erkenntnissprinzipien.

1.

Mit Aristoteles unterscheidet Thomas den speculativen und den praktischen Verstand. Der speculative Verstand hat seinen Zweck an dem Wissen selbst und ruht in der Betrachtung der Wahrheit, der praktische hingegen findet in dem Wirken und dem hervorgebrachten Werke sein Ziel.

Auch in Gott ist ein speculatives und ein praktisches Wissen anzunehmen. Er erkennt die Dinge, insofern sie in ihm ihren Ursprung haben[1]), und zwar weiss er einige Dinge durch seinen Beschluss, sie zu welcher Zeit auch immer ins Dasein zu rufen, von diesen hat er eine ausgeübte praktische Erkenntniss. Andere Dinge weiss er, die er niemals zu verwirklichen beabsichtigt, von diesen hat er gleichfalls eine praktische Erkenntniss, nicht als ob er sie ausübte, sondern weil er die Macht zu ihrer Ausübung besitzt. Da er ferner die Dinge nicht bloss nach ihrem eigenthümlichen Sein betrachtet, sondern auch nach allen jenen Bestimmungen, welche der menschliche Intellect durch Analysis an ihnen zu entdecken vermag, so hat er von den Dingen, die er verwirklicht und verwirklichen könnte, auch eine Erkenntniss nach der Weise, wie sie nicht zu verwirklichen sind, ist ja auch der irdische Künstler im Stande, an seinem Werke Bestimmungen zu unterscheiden, die aus der Verbindung gelöst für sich allein nicht existiren können. Diese Erkenntniss ist in keiner Weise eine praktische, sondern bloss eine speculative, denn nur dann wird ein Ding als realisirbar betrachtet, wenn alle Bestimmungen, die zu seiner Existenz erforderlich sind, zugleich ins Auge gefasst werden. Anderes weiss Gott, von dem er nicht die Ursache sein kann, wie seine Wesenheit und das Böse, und zwar ebenfalls nur speculativ.

Es fragt sich nun, auf welche von diesen Erkenntnissweisen die Idee in dem Intellecte auftritt. Die Idee ist ihrem Wortlaute nach eine Form, der Sache nach aber der Begriff

---

[1]) Th. Aq. Sent. I. d. 36. q. 2. a. 1.

eines Dinges oder sein Gleichniss. Einige Formen haben nun eine doppelte Beziehung, die eine geht auf das, was nach ihnen gestaltet wird, wie die Wissenschaft den Intellect als einen wissenden constituirt, die andere aber geht auf ein äusseres Object, wie die Wissenschaft auf die wissbaren Dinge. Die erste Beziehung haben alle Formen gemeinsam, die andere aber nicht. Der Name Form involvirt also bloss die erste Beziehung und drückt mithin ein ursächliches Verhältniss aus. Die Form ist nämlich die Ursache dessen, was nach ihr geformt wird, sei es dass sie bei der Gestaltung des Dinges in dieses eingeht, wie die immanente Form, oder dass sie von einem Dinge nachgeahmt wird, wie die Musterform. Der Name Gleichniss oder Begriff besagt auch die zweite Beziehung, welche durchaus kein Verhältniss der Ursächlichkeit einschliesst. Wenn wir also von der Idee nach dem Begriffe reden, den ihr Name ausdrückt, so findet sie sich nur in jenem Wissen, nach welchem etwas geformt wird oder geformt werden kann, und dies ist das angewandte oder anwendbare praktische Wissen, welches aber in gewisser Weise (s. S. 54 Anmk. 1) auch ein speculatives ist. Wenn wir aber die Idee im Allgemeinen das Gleichniss oder den Begriff eines Dinges nennen, so kann sie nur zu der speculativen Erkenntniss gehören. Oder sagen wir besser, was das Wort Idee bezeichnet, wird zu dem angewandten oder anwendbaren praktischen Wissen gerechnet, was aber das Wort Gleichniss oder Begriff besagt, sowohl zu dem speculativen wie auch zu dem praktischen [1]).

Thomas unterscheidet eine doppelte Kunst, die eine, welche in dem Stoffe ein innerliches Prinzip vorfindet, das sie von aussen her zur Entfaltung verhilft, und die andere, welche rein von aussen her den Stoff zu einem beliebigen Gebilde gestaltet [2]). Dass in der ersten Art von künstlerischer Thätigkeit eine speculative und praktische Idee vorhanden sei, tritt an dem Beispiele des Aristoteles von der Wirksamkeit des Arztes hervor. Aber auch in der zweiten Art kann der praktische Intellect nicht zur Bildung von Ideen voran-

---

[1]) Th. Aq. Q. 3. de verit. a. 3.
[2]) Th. Aq. S. th. p. I. q. 117. a. 1. — S. c. gent. II. c. 75. IV. c. 32.

schreiten, ohne dass der speculative Intellect vorher thätig ist, da es für das Wesen des speculativen und praktischen Intellectes sich gleichgültig verhält, ob ihre Formen von der Aussenwelt herrühren oder aus der Fülle des Geistes entspringen [1]).

Beide Ideen sind dem Begriffe nach verschieden, und zwar bilden sie in dem Verstande des menschlich-irdischen Künstlers wie die Differenzen ‚vernünftig' und ‚unvernünftig', welche den Begriff des Thieres an sich genommen theilen, einen Gegensatz [2]). Der speculative Intellect schlägt nämlich das analytische Verfahren ein, indem er das Ganze auf seine allgemeinen, formellen Prinzipien zurückführt und beschäftigt sich mit dem Ewigen, Unveränderlichen und Nothwendigen, der praktische hingegen dringt auf synthetischem Wege vor und bemüht sich das Allgemeine auf einen bestimmten Fall anzuwenden, es in Raum und Zeit zu beschränken; wo ihm verschiedene Wege zu seinem Ziele offen stehen, liebt er die Freiheit und geht auf das so und anders Gestalten und Verhalten seines Produktes [3]). Der Sache nach sind aber beide Ideen identisch. Wenn wir an der Idee die drei von Thomas hervorgehobenen Beziehungen unterscheiden, die begriffliche Auffassung, das Gleichniss des zu schaffenden Dinges und das, was als nachahmbar erkannt, so ist leicht einzusehen, dass die begriffliche Auffassung, welche im weiteren Sinne gleichfalls eine Idee genannt wird, die reale Einheit bildet und wie zu den Erkenntnissprinzipien (Definition, Division, Abhängigkeit von dem formellen Grunde u. s. w.), so auch zu

---

[1]) Th. Aq. Q. 3. de verit. a. 3. ad 5. „Intellectus speculativus et practicus non distinguuntur per hoc, quod est habere formas a rebus aut ad res, quia etiam in nobis intellectus practicus quandoque habet formas a rebus sumptas, ut cum aliquis artifex ex artificio aliquo viso concipit formam, secundum quam operari intendit. Unde non oportet etiam ut omnes formae, quae sunt intellectus speculativi, sint acceptae a rebus." — S. th. p. I. q. 14. a. 16. ad 2.

[2]) Th. Aq S. th. I. II. q. 57. a. 1. ad 1. „Practicum .. dividitur contra speculativum."

[3]) Th. Aq. S. th. p. I. q. 14. a. 16. — S. c. gent. III. c. 97. — in Ar. Ethic. VI. l. 1. et 3.

den Prinzipien der Generation (in das Sein hervorrufen und im Sein erhalten) im Verhältnisse steht¹).

Was nun aber die göttliche Idee betrifft, so sagt Thomas nicht, Gott erkenne durch Analysis die Prinzipien der Dinge, sondern er erkenne alles, was wir Menschen durch Analysis auffinden könnten, und zwar auf weitaus vollkommenere Weise²). Nicht undeutlich weist er auf den Unterschied zwischen dem sachlichen Verhältniss der speculativen und praktischen göttlichen Idee und unsere Auffassung desselben hin³). Specifische Differenzen nämlich, wie das Sensitive, insofern es in dem unvernünftigen Thiere und in dem Menschen sich findet, wenngleich sie in dem Gebiete, wo sie als Differenzen auftreten, ewig unvereinbar bleiben, können doch in einer höheren überlegenen Form vereinigt vorliegen, so zwar, dass diese auf eine einzige und einfache Weise dasjenige erfüllt, was in dem

---

[1] Th. Aq. S. th. p. I. q. 15. a. 3. „Cum ideae a Platone ponerentur principia cognitionis rerum et generationis ipsarum, ad utrumque se habet idea." Vgl. S. 48 Anm. 3. — Th. Aq. in Arist. Ethic. VI. 1. 9. (Arist. 1143 a 35) „Intellectus in ... cognitione tam speculativa quam practica est extremorum, quia primorum terminorum extremorum, a quibus sc. ratio incipit, est intellectus et non ratio. Est autem duplex intellectus. Quorum hic quidem est circa immobiles terminos et primos secundum demonstrationes, quae procedunt ab immobilibus, quae sunt prima cognita immobilia, quia sc. eorum cognitio ab homine removeri non potest. Sed intellectus, qui est in practicis, est alterius propositionis i. e. non universalis, quae est quasi major, sed singularis, quae est minor in syllogismo operativo. Quare autem hujusmodi extremi dicatur intellectus, patet per hoc, quod intellectus est principiorum. Hujusmodi autem singularia, quorum dicimus esse intellectum, (i. e. ideae practicae) principia sunt ejus, quod est gratia cujus i. e. sunt principia ad modum causae finalis ... Et quia singularia proprie cognoscuntur per sensum, oportet quod homo horum singularium, quae dicimus esse ... extrema, habeat sensum ... interiorem ... sc. vim cogitativam, quae dicitur ratio particularis. Unde hic sensus vocatur intellectus, qui est circa sensibilia et particularia." Vgl. S. 51 Anm. 1.

[2] Th. Aq. S. th. p. I. q 14. a. 16.

[3] Th. Aq. Q. 3 de verit. a. 3. ad. 6. „Idea practica et speculativa in Deo non distinguuntur quasi duae ideae, sed quia secundum rationem intelligendi practica addit super speculativam ordinem ad actum, sicut homo addit supra animal rationale, nec homo tamen et animal sunt duae res."

niederen Bereiche eine Mehrzahl von Formen auf verschiedene und entgegengesetzte Weise ausüben. Auf eine andere Weise ist das sensitive und rationale Element in der einen Form des Menschen vereinigt. Beide Momente schliessen sich hier nicht gegenseitig aus, weil sie keine specifische Differenzen bilden, sondern verhalten sich wie das höhere und niedere Prädikat, von denen das eine das andere bestimmt und begrenzt[1]). Die speculative und praktische Idee fällt nun in Gott nach der ersten Weise in eine Einheit zusammen[2]), aber nach unserer Art zu denken können wir ihr Verhältniss zu einander uns nur so vorstellen, als wenn sie nach der zweiten Weise vereinigt wären, als ob die praktische Idee die speculative durch die Hinordnung auf das Werk eingrenzte. Indessen ist unsere Unterscheidnng der göttlichen Idee in eine speculative und praktische nicht falsch, weil sie in der Sache selbst eine Grundlage hat.

So weist denn Thomas der göttlichen speculativen Idee die Erkenntnissprinzipien, der praktischen aber die Erkenntniss- und Seinsprinzipien zu und vergleicht jene mit dem Lichte und dem Akte des Leuchtens, diese aber mit dem Leben oder dem Akte des Leuchtens und Beleuchtens zugleich [3]).

---

[1]) Vgl. Johannis a S Thoma, Cursus philosoph. Lugd. 1678. Logic. p. I. q. 1. a. 4. p. 91.

[2]) Th. Aq. S. th. p. I. q. 13. a. 4. „Intellectus noster cum cognoscat Deum ex creaturis, format ad intelligendum Deum conceptiones proportionatas perfectionibus procedentibus a Deo in creaturas. Quae quidem perfectiones in Deo praeexistunt unite et simpliciter, in creaturis vero recip'untur divise et multipliciter." a. a. O. q. 14. a. 1. ad 2. „Deus cognoscit.. principia... conclusiones... et agibilia una et simplici cognitione." q. 14. a. 16 ad ctr. „Deus non recedit a nobilitate speculativae scientiae, quia omnia alia videt in seipso. Seipsum autem speculative cognoscit, et sic in speculativa sui ipsius scientia habet cognitionem et speculativam et practicam omnium aliorum."

[3]) Th. Aq. Sent. I. d 36. q. 1. a. 3. ad 3. „Similitudo rerum in Deo ... dicitur vita, inquantum est principium operationis ad esse rerum, sicut etiam dicitur a Philosopho (VIII Phys. t. c. 1.) quod motus coeli est ut vita quaedam natura existentibus omnibus, sed inquantum est principium cognitionis rerum dicitur lux." S. th. p. III. q. 13. a. 1.

2.

Für die Wahrheit des Satzes von der Identität der speculativen und praktischen Idee beruft sich Thomas auf die Autorität Platos, nur dass dieser schon in einem niederen Bereiche das zusammenfallen liess, was erst in einem höheren vereinigt wird. Da Plato die Ideen als die Prinzipien der Erkenntniss und des Seins der Dinge aufstellte, lautet sein Ausspruch, so hat die Idee ein Verhältniss zu beiden, insofern sie in den Verstand Gottes versetzt wird[1]).

Fragen wir den Aquinaten um Aufschluss über diese Auffassungsweise der Lehre des attischen Philosophen, so bringt er die Platonische Idee einmal als eine von dem Körperlichen getrennt existirende Realität mit der Denkform in Vergleich, insofern diese in Anbetracht ihres Sitzes in dem Intellecte eine Species nach ihrem Gedachtsein und etwas Einzelnes ist, und weist darauf hin, dass der Intellect, ob er nun mit einer derartigen Idee oder derartigen Denkform sich beschäftige, in jedem Falle nicht die concreten Dinge ergreife, sondern auf eine von ihnen getrennte Form sich richte[2]). Das anderemal aber fasst er sie wie als das Erkenntnissmittel, da die menschliche Seele angeblich durch Theilnahme an ihr das körperliche

---

ad 3. „Ad scientiam speculativam habendam sufficit sola conformitas vel assimilatio scientis ad rem scitam, ad scientiam autem practicam requiritur, quod formae rerum, quae sunt in intellectu, sint factivae. Plus autem est habere formam et imprimere formam habitam in alterum, quam solum habere formam, sicut plus est lucere et illuminare, quam solum lucere."

[1]) Th. Aq. S. th. p. I. q. 15. a. 3. — Vgl. S. 11 Amk. 4.

[2]) Th. Aq. de unit. intell. p. 498. „Si enim (Averroistae) dicant, quod intellectum est una species immaterialis existens in intellectu possibili, latet ipsos quod quodammodo transeunt in dogma Platonis, qui posuit quod de rebus sensibilibus nulla scientia potest haberi, sed omnis scientia habetur de una forma separata. Nihil enim refert ad propositum, utrum aliquis dicat, quod scientia quae habetur de una forma lapidis separata aut de una forma lapidis, quae est in intellectu, utrobique enim sequitur, quod scientiae non sunt de rebus, quae sunt hic, sed de rebus separatis solum." — Vgl. Q. un de spirt. creat. a. q. ad 6. — De ente et essent. c. 4 „Natura intellecta ... sec. quod habet esse in hoc intellectu vel in illo est species quaedam intellectus particularis."

Ding erkenne, so auch als das Mass und die Regel, nach welcher das Sinnfällige gestaltet werde[1]). Auf diese Weise unterscheidet Thomas an der einen Platonischen Idee die drei für jegliche Idee erforderlichen Beziehungen. Sie ist einerseits eine geistige Substanz, die sich selbst durch ihr eigenes Wesen erkennt, andererseits aber ist sie auch das Gleichniss des von ihr zu bewirkenden körperlichen Dinges und drittens dasjenige, nach dessen Aehnlichkeit dieses hervorgebracht wird.

Vorausgesetzt nun, Aristoteles rede von den Ideen als schaffenden Prinzipien, so findet diese Deutung in einem seiner kritischen Aussprüche der Interpretation des Thomas zufolge einigen Rückhalt. Er giebt nämlich zu verstehen, Plato habe das Verhältniss der Ideen zu den ihr angehörenden Dingen in einer Weise als ein synonymes, in anderer Weise aber als ein homonymes hingestellt, und bemerkt, dass in der letzten Beziehung eine bloss zufällige Gemeinsamkeit des Namens vorliege, wie wenn jemand den Kallias und eine hölzerne Bildsäule einen Menschen nenne, woraus er dann folgert, dass durch die Idee das ihr zugewiesene Ding nicht erkannt werden könne[2]).

---

[1]) Th. Aq. S. th. p. I. q. 84. a. 5 „Per idearum participationem dicebat (Plato) intellectum nostrum omnia cognoscere, ut sicut materia corporalis per participationem ideae lapidis fit lapis, ita intellectus noster per participationem ejusdem ideae cognosceret lapidem. Sed quia videtur esse alienum a fide, quod formae rerum extra res per se subsistant absque materia, sicut Platonici posuerunt dicentes per se vitam aut per se sapientiam esse quasdam substantias creatrices ... Augustinus posuit loco harum idearum, quas Plato ponebat, rationes omnium rerum in mente divina existere, secundum quas omnia formantur et secundum quas etiam anima humana cognoscit."

[2]) Th. Aq. in Met. I. l. 14. t. c. 30 (Arist. 991a, 1 ff.) „Aut ideae et sensibilia, quae participant ideas, sunt unius speciei aut non. Si sunt unius speciei, omnium autem multorum in specie convenientium oportet ponere sec. positionem Platonis unam speciem separatam communem, oportebit igitur aliquid ponere commune sensibilibus et ipsis ideis, quod sit separatum ab utroque ... Si autem detur alia pars sc. sensibilia, quae participant ideas non sunt ejusdem speciei cum ideis, sequitur quod nomen, quod dicitur de ideis et de substantia sensibili dicatur omnino aequivoce. Illa enim dicuntur aequivoce, quorum solum

Hier haben wir denselben Vergleich, dessen Thomas sich bedient, um das Verhältniss der Idee als einer Realität in der Seele zu dem Gleichnisse des zu bewirkenden Dinges als dem Erkenntnissmitel zu erläutern.

Doch wenden wir uns zu der Darstellung, wie der Aquinate mit Aristoteles gegen die Lehre Platos von den Ideen als Erkenntnissprinzipien polemisirt, um später zu seiner Augustinischen Auffassung derselben zurückzukehren.

3.

Plato zog zwischen der am Einzelnen haftenden Sinneswahrnehmung und der auf das Allgemeine gerichteten Vernunfterkenntniss eine feste Grenze. Die sinnliche Wahrnehmung kommt nach seiner Ansicht dadurch zu Stande, dass der körperliche Gegenstand eine Veränderung des Sinnenorganes bewirkt, und der Sinn als ein auf sich gestelltes Vermögen aus dieser Veränderung Anlass nimmt, von dem Sinnfälligen Bilder in sich zu erzeugen. Angesichts dieser Theorie erklärt Thomas mit Aristoteles die sinnliche Empfindung als eine Bethätigung der Seele und des Leibes zugleich, insofern beide mit einander verknüpft sind. Da nämlich das Sinnfällige zu dem beseelten Leibe wie das Wirkliche zu dem Möglichen

---

nomen commune est, ratione speciei existente diversa. Nec solum sequitur quod sint quocunque modo aequivoca, sicut illa, quibus imponitur unum nomen sine respectu ad aliquam communicationem, quae dicuntur aequivoca a casu, sicut si aliquem hominem aliquis vocaret Calliam et aliquod lignum. Hoc autem ideo addidit Aristoteles, quia posset aliquis dicere, quod non omnino aequivoce aliquod nomen praedicatur de idea et de substantia sensibili cum de idea praedicetur essentialiter, de substantia vero sensibili per participationem. Nam idea hominis sec. Platonem dicitur per se homo, hic autem homo sensibilis dicitur per participationem. Sed tamen talis aequivocatio non est pura, sed nomen quod per participationem praedicatur, dicitur per respectum ad illud, quod praedicatur per se, quod non est pura aequivocatio, sed multiplicitas analogiae. Si autem essent omnino aequivoca a casu, idea et substantia sensibilis, sequeretur quod per unum non posset cognosci aliud, sicut aequivoca non se invicem notificant." S. S. 53 Anm. 5. — Aristoteles unterscheidet an der Platonischen Idee durchaus nicht ein gegenständliches und ein repräsentatives Moment, er sagt schlechthin, dass die Idee zur Erkenntniss des ihr zugewiesenen Dinges nichts beiträgt.

sich verhalte, so könne dieser wohl eine Einwirkung von jenem erleiden [1]).

Unsere vernünftige Seele, fährt Thomas fort, ist nach Plato eine immaterielle Kraft, welche ihre Operationen selbständig vollzieht, ohne dass der Leib irgend etwas mit ihnen zu schaffen hat. Doch ist sie nicht ihr eigenes Wissen, sondern nimmt an dem Wissen theil, wie das aus dem Wechsel ihrer Gedanken und dem allmählichen Klarwerden derselben hervorgeht. Da nun alles Theilnehmende von einem Ansichseienden abzuleiten ist, so muss es ein höheres Wesen geben, von dem sie ihre Erkenntnisskraft empfängt, und dieses nannte Plato den getrennten Intellect, welchen er nach dem Berichte des Themistius mit der Sonne verglich [2]).

---

[1]) Th. Aq. S. th. I. q. 84. a. 6. — ad 2. — Vgl. Aug. Super Gen. ad lit. l. 12. c. 24. — Arist. de anima 403 a 25.

[2]) Th. Aq. S. th. p. I. q. 79. a. 4. — Vgl. Themist. Paraphr. in l. Arist. de anima III. c. 5. ed. Spengel. p. 191. — Procl. Inst. prop. 101. u. 190. — Unter diesem Prinzipe versteht Thomas nicht die Idee des Guten. Vgl. Averr. Destr. destr. disp. 5. in fin. f. 80. „Intellectus est nomen Deo proprium sec. philosophos Peripateticos, et aliter quam intelligit Plato, quod intellectus sit aliud quam primum principium." — Nach der Lehre des Proklus, wie sie Überweg (Gesch. d. Phil. 4. Auflg. S. 276) wiedergiebt, ist das Urwesen die Einheit, die aller Vielheit zu Grunde liegt, das Urgute, die erste Ursache alles Seienden. Aus dem Urwesen lässt Proklus eine Vielheit von Einheiten ($\dot{\epsilon}\nu\dot{\alpha}\delta\epsilon\varsigma$) hervorgehen, die über das Sein, das Leben, die Vernunft und die Erkennbarkeit erhaben sind. Wie viele solcher Henaden es gebe, sagt Proklus nicht, doch soll ihre Zahl geringer sein, als die der Ideen, und sie sollen so in einander sein, dass sie trotz ihrer Vielheit doch auch eine Einheit ausmachen. Das absolute Urwesen ist ohne jede Beziehung zur Welt, diese Henaden aber wirken auf die Welt; in ihnen liegt die Vorsehung (s. Th. Aq. de sub. sep. c. 3.). Sie sind die Götter im höchsten Sinne des Wortes. An die Henaden schliesst sich die Trias der intelligibelen, intelligibel-intellectuellen und intellectuellen Wesen an ($\tau\dot{o}$ $\nu o\eta\tau\dot{o}\nu$, $\tau\dot{o}$ $\nu o\eta\tau\dot{o}\nu$ $\ddot{\alpha}\mu\alpha$ $\varkappa\alpha\dot{\iota}$ $\nu o\epsilon\varrho\dot{o}\nu$, $\tau\dot{o}$ $\nu o\epsilon\varrho\acute{o}\nu$). Das $\nu o\eta\tau\dot{o}\nu$ fällt unter den Begriff des Seins ($o\dot{\nu}\sigma\acute{\iota}\alpha$), das $\nu o\eta\tau\dot{o}\nu$ $\ddot{\alpha}\mu\alpha$ $\varkappa\alpha\dot{\iota}$ $\nu o\epsilon\varrho\dot{o}\nu$ unter den des Lebens ($\zeta\omega\acute{\eta}$), das $\nu o\epsilon\varrho\dot{o}\nu$ unter den des Denkens. Zwischen diesen drei Wesen oder Wesenklassen besteht unbeschadet ihrer Einheit ein Rangverhältniss, die zweite hat Theil an der ersten, die dritte an der zweiten. Das Intelligibele im engeren Sinne oder die $o\dot{\nu}\sigma\acute{\iota}\alpha$ fasst in sich in drei Triaden $\pi\acute{\epsilon}\varrho\alpha\varsigma$, $\ddot{\alpha}\pi\epsilon\iota\varrho o\nu$ (s Th. Aq. in l. de causis l. 16) $\mu\iota\varkappa\tau\grave{o}\nu$ oder $o\dot{\nu}\sigma\acute{\iota}\alpha \cdot \pi\acute{\epsilon}\varrho\alpha\varsigma$,

Kann nicht einmal das sinnliche Wahrnehmungsvermögen von dem Körperlichen eine Einwirkung erleiden, lehrte Plato weiter, so noch weniger unsere vernünftige Seele. Weit entfernt also, dass wir unser Erkennen durch Ausflüsse sinnlicher Bilder von der Körperwelt erklären könnten, haben wir vielmehr getrennt existirende Formen anzunehmen, welche sich sowohl der Materie als auch unserer Seele mittheilen, jener um sie zu einem bestimmten Dinge zu gestalten, dieser um ihr die Kenntniss der Dinge zu verleihen. Die Mittheilung der Idee vollzieht sich aber dadurch, das sie ein Gleichniss

ἄπειρον, ζωή · πέρας, ἄπειρον und ἰδέαι oder αὐτόζωον. In jeder dieser Triaden nennt Proklus das erste begrenzende Glied auch πατήρ, das zweite unbegrenzte δύναμις (Th. Aq. a. a. O.), das dritte gemischte νοῦς u. s. w. — An diese Lehre des Proklus schliesst nun Thomas seine Erläuterung der Platonischen Ideenwelt an. Dass er dabei manche Punkte unbestimmt lässt und anders auffasst, ist erklärlich, da er nur die inst. theol. des Proklus wie dessen kleinere Schriften de providentia, de providentia et fato et eo quod in nobis und de malorum subsistentia kannte. Ohne uns auf einen weitläufigen Vergleich einzulassen, wollen wir nur Weniges hervorheben. Die Henaden sind ihm die Ideen (de sub. sep. c. 4.) Unter ihnen steht die Ordnung der Intellecte, welche durch Theilnahme an den Ideen ihre Denkformen gewinnen. Diese Ordnung wird nicht weiter classificirt, sondern es wird nur gesagt, dass der eine Intellect um so vollkommener sei, als der andere, je näher er dem ersten Intellecte stehe, welcher in der vollkommensten Weise an den Ideen theilnehme (a. a. O. c. 1.). In seinem Comment. zu dem l. de causis l. 13. u. l. 3. rechnet Thomas aber diesen idealen Intellect zu der Klasse der Götter. Auch spricht er von der geschaffenen Idee des Seins (de sub. sep. c. 17) des Lebens und der Vernunft (a. a. O. c. 11), ob nun aber diese „Vernunft an sich" mit dem idealen Intellecte und dem getrennten Intellecte bei Themistius identisch sei, und in welchem Verhältnisse diese drei Idealwesen zu den Ideen und zu der Ordnung der Intellecte stehe, darüber giebt er uns keinen Aufschluss. Weiterhin erwähnt er des von den Platonikern sogenannten väterlichen Intellectes, dessen Makrobius gedenke, in dem die Gründe aller Dinge seien (Macrob. l. in Somnium Scipionis 1607. c. 2. p 22. „Mens, quam Graeci νοῦν apellant, originales species rerum, quae ἰδέαι dictae sunt, continens ex summo nata et profecta Deo." c. 14. p. 91. „Haec mens, quae νοῦς vocatur, qua patrem inspicit, plenam similitudinem servat autoris." Paternus, πατρικός ist ein Kunstausdruck des Proklus und Jamblichos. Procl. inst. prop. 151: πατρικὸν ἐν τοῖς θεοῖς πρωτουργόν), er scheint aber nicht recht gewusst zu haben, wie dieser zu erklären sei, denn

in dem Antheilnehmenden bewirkt. Wie also von den Ideen die sinnlichen Formen in die Materie herabströmen, so auch die intelligibelen Formen in unseren Intellect[1]).

Der Beweis für die Richtigkeit dieser Erkenntnisslehre suchte Plato in dem Dialog Menon zu führen. Dort legt er an einem Sklaven dar, dass der Mensch, auch wenn er der Bildung gänzlich entbehre, über wissenschaftliche Gegenstände nach geeigneter Methode befragt, dem Lehrer überraschend richtige Antworten ertheile. Da nun aber niemand über Unbekanntes das Wahre aussagen könne, so sei es klar, dass die Seele vor aller Erfahrung und Belehrung Wissensvorstellungen in sich trage, welche durch Fragen angeregt zu Erkenntnissen werden. Wie wolle man aber diese Erscheinung anders erklären, als dass die Seele schon vor ihrem irdischen Dasein in einem ausserkörperlichen Zustand gelebt und in diesem die Denkformen von den Ideen empfangen habe[2]). Alles Lernen auf dieser Erde bestehe somit in einer Erinnerung des früher Gewussten. Während nämlich die Seele in ihrer Präexistenz sich ihres Wissens frei habe bedienen können, sei sie, wie

---

einmal deutet er ihn als die in dem Intellecte des höchsten Gottes existirende Weltidee (s. S. 58 Anm. 3), das anderemal aber als einen von der Gottheit verschiedenen und ihr unmittelbar untergeordneten Intellect. — S. th. p. I. q. 32. a. 1. „In libris etiam Platonicorum invenitur ‚In principio erat Verbum‘, non secundum quod Verbum significat personam genitam in divinis, sed secundum quod per Verbum intelligitur ratio idealis, per quam Deus omnia condidit .... vel quia ponebant Platonici unum primum ens, quod etiam dicebant esse patrem totius universitatis rerum, consequenter ponebant aliam substantiam sub eo, quam vocabant mentem vel paternum intellectum, in qua erant rationes omnium rerum, sicut Macrobius recitat." Vgl. Aug. de civ. Dei l. 10. c. 28. „Ignorantiam certe et propter eam multa vitia per nullas teletas purgari dicis (Porphyri), sed per solum πατρικὸν νοῦν i. e. paternam mentem sive intellectum, qui paternae voluntatis est conscius. Hunc autem Christum esse non credis."

[1]) Th. Aq. S. th. p. I. q. 84. a. 4. et 6. — Vgl. Avicen. Met. tr. 3. c 8. „Quod autem intelligimus de rebus separatis ... non est ex hoc, quod nos scimus illa, sed quia nos imprimuntur ab eis ... similiter esset etiam, si formae naturales essent separatae et disciplinales mathematicae) separatae, quod enim tunc sciremus de eis, non esset nisi quod acquireremus de eis."

[2]) Th. Aq. in Arist. Analyt. post. I. l. 2. — (Cicer. Tusc. I. c. 24.)

die Erfahrung lehre, in Folge ihrer Versenkung in die Materie gewissermassen dem Schlafe verfallen und von sich gekommen, so dass sie ihre Kenntnisse vergessen habe. Allein durch die sinnliche Wahrnehmung werde sie aufgemuntert, zu sich zurückzukehren und sich dessen zu erinnern, was sie bereits früher und mit dem Eintritt in den Körper als angeboren besass [1].

Thomas trägt diese Lehre nach Aristoteles vor, nur ist die Ansicht, als ob die Formen von den Ideen herabströmten, eine arabisch-neuplatonische. Doch vereinigt er diese mit dem Berichte des Aristoteles insofern, als er dessen oben angegebenen Einwand, die Ideen müssten immer sich thätig erweisen, als einen Gedanken Platos erklärt. In Folge der Unbeweglichkeit der Ideen und ihres stets gleichmässigen Verhaltens strahlt von ihnen die Wissenschaft immerfort in unserer Seele als dem zu ihrer Aufnahme geeigneten Subjecte zurück [2].

Nun wendet sich der Aquinate unter Benutzung Aristotelischer Argumente zur Bekämpfung der Lehre von den eingeborenen Ideen.

Plato weiss in seiner Theorie keinen hinreichenden Grund für die Vereinigung des Leibes mit der Seele anzugeben. Soll diese Verbindung etwa wegen der Seele nothwendig sein? Aber von dem Leibe losgelöst übt die Seele ihren eigenthümlichen Erkenntnissact in vollkommener Weise aus und erfreut sich einer selbsteigenen Munterkeit, das, was in ihr liegt, zu betrachten. Oder vielleicht wegen des Leibes? Dann aber ist zu erwidern, dass die Seele auf einer höheren Stufe steht, als der Leib, und die Form nicht um der Materie willen, sondern die Materie um der Form willen das Dasein besitzt [3]. — Die richtige Meinung ist aber die, dass die Seele vorwaltend wegen der ihr eigenthümlichen Operation

---

[1] Th. Aq. Q. de anim. a. 15. ad 2. — S. c. gent. II. c. 74. — Q. 11. de verit. a. 1.

[2] Th. Aq. S. c. gent. II. c. 74. — Vgl. Avicen. de anima p. 5. c. 6. f. 26. „Ipsae formae intelligibiles sunt res per se existentes ... Et est anima quasi speculum, ipsae vero quasi res extrinsecae, quae ... apparent in ea." — S. S. 71 Anm. 1.

[3] Th. Aq Q. de anima a. 15. — S. th p. I. q. 84. a. 1.

des Erkennens mit dem Leibe verbunden ist. Denn wenn die Seele die natürliche Bestimmung mit sich führte, die Denkformen lediglich durch Einwirkung getrennter Prinzipien in sich aufzunehmen und nicht zugleich aus der sinnlichen Wahrnehmung zu schöpfen, so könnte sie des Leibes behufs des Erwerbs der Wissensformen entbehren, wäre also ohne Zweck mit ihm verbunden. Wendet aber Plato ein, die Bedeutung der Sinne liege in ihrer Funktion, die Seele zur Aufmerksamkeit auf die von den Ideen empfangenen Formen anzuregen, so ist diese Antwort nicht genügend. Denn fragt man nach dem Grunde, warum die Sensationen nothwendig seien, so soll derselbe darin beruhen, die Seele aus ihrem Schlafe zu wecken, fragt man aber, warum die Seele in jenen Schlaf gefallen ist, so wird der Grund gleichfalls aus dem Körper, in welchem die Sinne ihren Sitz haben, geholt, diese würden also zugleich der Seele zur Beförderung dienen und ihr Hemmnisse bereiten[1]). Ferner, wenn die Seele von Natur aus die Kenntnisse aller Dinge in sich trägt, so kann sie dieselben nicht soweit vergessen, dass sie um ihren Besitz nicht wisse. Kein Mensch vergisst das, was er wie z. B. die prinzipiellen Sätze, die durch sich selbst evident sind, auf natürliche Weise erkennt. Ganz besonders aber erscheint dies widersinnig, wenn angenommen wird, dass die Verbindung mit dem Leibe der Seele natürlich ist, weil die natürliche Wirksamkeit eines Dinges nicht durch das ihm von Natur aus Zukommende, sondern nur durch einen gewaltsamen Zustand aufgehoben wird[2]). — Schlagend wird aber Plato durch die Erfahrung widerlegt, dass wer irgend eines Sinnes von Geburt aus beraubt ist, von dem durch diesen Sinn Wahrgenommenen ebensowenig intellectuelle wie sinnliche Vorstellungen zu bilden vermag[3]). Der Beweis endlich, auf welchen Plato sich beruft, ist verfehlt. Denn eine geordnete Fragestellung schreitet von den allgemeinen, an sich bekannten Prinzipien zu den eigenthümlichen vor, und durch diese Art

---

[1]) Th. Aq. S. th. p. I. q 84. a. 4.
[2]) Th. Aq. S. th. p. I. q. 84. a. 3. — Q. 10. de verit. a. 6. — in Met. I. l. 17. t. c. 49. (Ar. Met. 993 a 1)
[3]) Th. Aq. S. th. p. I. q. 84. a. 4. — in Met. l. c. (Ar. 993a 2).

des Unterrichtes wird die Wissenschaft in der Seele des Schülers erzeugt. Dass ein Mensch auf solche Fragen richtig antwortet, hat nicht darin seinen Grund, weil er die Antwort früher schon gewusst hätte, sondern weil er sie jetzt gelernt hat [1]).

Folgerichtig war es von Plato, die Ideen nun auch als das Object unserer Erkenntnisse aufzustellen, ja damit unser Wissen einen ihm vollkommen entsprechenden Gegenstand habe, wollte er hauptsächlich Ideen anerkannt haben. Aber auch in dieser Beziehung ist seine Lehre mit Aristoteles abzulehnen, weil sie unser Wissen von den Körpern nicht erklärt. Oder ist es nicht eine Eigenthümlichkeit der Naturwissenschaft, dass sie auf die Erfassung der Bewegung und der Materie abzielt und sich bei ihren Demonstrationen der bewegenden und materiellen Ursachen bedient? Wie sollen nun die Ideen die Wahrheit und Gewissheit der Naturwissenschaften verbürgen, da sie als immaterielle und unbewegliche Wesenheiten gerade die Materie von sich ausschliessen und nicht Ursachen der Bewegung, sondern vielmehr der Unbeweglichkeit sind? — Wie sollen uns ferner die Ideen die Erkenntniss des Festen und Unwandelbaren in den Körpern verleihen? Es klingt doch lächerlich, behufs Erkenntniss der uns schon bekannten Dinge andere als Vermittler anzurufen, die nicht das Wesen jener sein können, sondern in ihrer Natur von dem Sein der Körper wesentlich verschieden sind. Gesetzt also auch, wir erkännten jene Ideen, so wären wir doch nicht berechtigt, nach der Erkenntniss, die sie uns leihen, über das Wesen der körperlichen Dinge zu urtheilen [2]).

4.

Die Wissenschaft des menschlichen Verstandes, lehrt Thomas der Ansicht Platos gegenüber, entwickelt sich theils aus der Seele heraus, theils hat sie ihre Quelle in äusserlichen Prinzipien, sie stammt nicht lediglich von separirten Substanzen, sondern auch von den sinnfälligen Dingen [3]).

---

[1]) Th Aq. S. th. p. I. q. 84. a. 3. ad 3.
[2]) Th. Aq. S. th. p. I. q. 84. a. 1. in Met. I. l. 13. t. c. 25. (Ar. 990 b 12 ff. 992 b 7 ff.) l. 17. t. c. 48. (Ar. 990 b, 1 ff.)
[3]) Th. Aq. S. th. p. I. II. q. 51. a. 1.

Wenn wir unseren Intellect mit der Sinnenwelt vergleichen, so finden wir einerseits, dass die Dinge in ihr in der Möglichkeit sind erkannt zu werden, der Intellect hingegen etwas Actuelles ist, in diesem Betracht muss also ein thätiger Verstand in der Seele angenommen werden, der die Dinge actuell erkennbar macht; andererseits finden wir, dass in unserem Verstande die bestimmten Formen der Dinge nur der Möglichkeit nach, in den Dingen ausserhalb der Seele aber dem Acte nach vorliegen, in dieser Beziehung haben wir mithin in unserer Seele einen möglichen Verstand anzuerkennen, dessen Sache es ist, die von dem thätigen Verstande abstrahirten und actuell intelligibel gemachten Formen in sich aufzunehmen[1]).

Wenn also gleich die aus der Sinnenwelt herrührenden Phantasmen wegen ihrer noch nicht völlig abgestreiften Materialität zur Einwirkung auf den Intellect nicht befähigt sind, so brauchen wir darum doch nicht gleich etwa an sich existirende Ideen zur Hülfe zu rufen, sondern in unserem Intellecte ist uns eine Kraft angeboren, welche die intelligibelen Formen dem möglichen Verstande einprägt[2]), nicht zwar als ob der thätige Verstand die das Wissen vermittelnden Formen aller Dinge auf actuell bestimmte Weise in sich enthielte[3]), sondern ohne Anwesenheit der Phantasmen ist er ein unbestimmtes und allgemeines Vermögen. Wie in der Entstehung der Dinge die intellectuellen Substanzen nur vermittelst natürlicher Agentien die materiellen Formen bewirken, so bedient sich der thätige Verstand der Phantasmen wie eines Instrumentes, um die intelligibelen Formen in dem möglichen Verstande hervorzubringen[4]).

Abgesehen von den wirksamen Qualitäten einer Substanz, bestimmt nämlich jedes Instrument durch die Leistung seiner eigenen Natur das Vermögen des Meisters, der es benutzt, hinwiederum aber wird das Instrument durch die von dem Meister empfangene Kraft zur Setzung eines seine eigene

---

[1]) Th. Aq. Q. 10. de verit. a. 6.
[2]) Th. Aq. S. th. p. I. q. 84. a. 6.
[3]) Th Aq. Q. un. de anima a. 5. ad 6.
[4]) Th. Aq. ebend. a. 15.

Natur übersteigenden Erfolges bestimmt[1]). Jedoch dürfen wir diese Kraft in dem Instrumente so zu sagen nicht als ein festes und beharrendes Sein ansprechen, sondern sie verhält sich wie ein fliessendes, von Stufe zu Stufe fortschreitendes, unvollkommenes Sein, das gleichsam wie ein geistiges Abbild (ad modum intentionis) wirkt. Der Bewegung gleich schlägt sich die werkzeugliche Tüchtigkeit in die Mitte zwischen der Wirklichkeit der Tugend des Meisters und der Möglichkeit des gewirkten Werkes[2]).

Weil nun die Verbindung des Leibes mit der vernünftigen Seele die Ausgestaltung des Intellectes bezweckt, so beeinflussen die Phantasmen, sobald sie als Werkzeuge ergriffen werden, den thätigen Verstand zur Hervorbringung von Denkformen, welche die Gleichnisse bestimmter Wesenheiten darbieten, andererseits aber treten aus den Phantasmen in Folge der von dem thätigen Verstande auf sie ausgeübten Einwirkung jene Denkformen als solche hervor, welche die Wesenheiten der Dinge ohne die individuirenden Bedingungen auf immaterielle Weise repräsentiren[3]). Während nämlich in dem Werkzeuge, durch dessen Vermittlung das Sein der Dinge be-

---

[1]) Th. Aq. Q. 27. de verit. a. 4. „Quam vis serra habeat aliquam actionem, quae sibi competit secundum propriam formam, ut dividere, tamen aliquem effectum habet, qui sibi non competit nisi in quantum est mota ab artifice sc. facere rectam incisionem et convenientem formae artis, sic instrumentum habet duas operationes, unam quae competit ei secundum formam propriam, aliam quae competit ei secundum quod est motum a per se agente, quae transcendit virtutem propriae formae."

[2]) Th. Aq. S. th. p. III. q. 62. a. 4. „Virtus principalis agentis habet permanens et completum esse in natura, virtus autem instrumentalis habet esse transiens ex uno in aliud et incompletum, sicut et motus est actus imperfectus ab agente in patiens" Sent. IV. d. 1. q. 1. a. 4. sol. 2. „Instrumentum agit ut motum ab alio, et ideo competit sibi virtus proportionata motui Motus autem non est ens completum, sed est via in ens quasi medium quid inter potentiam puram et actum purum. Et ideo virtus instrumenti in quantum hujusmodi.. est ens incompletum, sicut est virtus immutandi visum in aere .. et hujusmodi entia consueverunt intentiones nominari et habent aliquid simile cum ente, quod est in anima, quod est ens dimiuntum."

[3]) Th. Aq. Q. 10. de verit. a. 6. ad 7. „In receptione qua intellectus possibilis species rerum accipit a phantasmatibus, se habent

wirkt wird, die intentionelle Kraft von dem Allgemeinen zu dem Besonderen vordringt, schreitet sie in den Phantasmen, insofern der thätige Verstand sie sich dienstbar macht, umgekehrt von dem Besonderen zu dem Allgemeinen fort[1]), und diesen Einfluss des thätigen Verstandes nennt Thomas ähnlich wie das Wirken des praktischen Verstandes eine Beleuchtung, das Produciren der Denkform, welche den möglichen Verstand gestaltet und ihn in den Stand setzt, das allgemeine Wesen der Dinge ohne die individuellen Bestimmungen zu erfassen, heisst er aber das Abstrahiren der intelligibelen Species von den Phantasmen[2]).

Der thätige Verstand besitzt zwar zur Erfüllung seiner Aufgabe Energie genug, aber er hat seine Thätigkeit doch einem von ihm verschiedenen Grunde zu danken. Sein Licht sammt der intelligibelen Species bildet bloss das nächste Prinzip unseres Wissens, aber das erste Prinzip, welches das Intelligibele bewirkt, ist das ungeschaffene göttliche Licht[3]). Dasjenige nennen wir nämlich sowohl bezüglich der körperlichen

---

phantasmata ut agens instrumentale et secundarium; intellectus vero agens ut agens principale et primum; et ideo actionis effectus relinquitur in intellectu possibili secundum conditionem utriusque, et non secundum conditionem alterius tantum; et ideo intellectus possibilis recipit formas ut intelligibiles actu ex virtute intellectus agentis, sed ut similitudines determinatarum rerum ex cognitione phantasmatum, et sic formae intelligibiles in actu non sunt per se existentes neque in phantasia neque in intellectu agente, sed solum in intellectu possibili."

[1]) Vgl. S. 47 Anmerk. 1.

[2]) Th. Aq. S. th. p. I. q. 85. a. 1. ad 4. „Phantasmata et illuminantur ab intellectu agente, et iterum ab eis per virtutem intellectus agentis species intelligibiles abstrahuntur. Illuminantur quidem, quia sicut pars sensitiva ex conjunctione ad intellectum efficitur virtuosior, ita phantasmata ex virtute intellectus agentis redduntur habilia, ut ab eis intentiones intelligibiles abstrahantur. Abstrahit autem intellectus agens species intelligibiles a phantasmatibus, inquantum per virtutem intellectus agentis accipere possumus in nostra consideratione naturas specierum sine individualibus conditionibus, secundum quarum similitudines intellectus possibilis informatur." Vgl. Th. Aq. S. th. p. I. q. 48. a. 2. Sent. II d. 34. q. 1. a. 5. ad 5: Habilitas est medium inter potentiam vel subjectum et actum seu formam.

[3]) Th. Aq. Q. 18. de verit. a. 1. ad 10. — S. th. p. I. p. 105. a. 3. ad 1 et 2.

Bewegung als auch bezüglich der intellectuellen Operation das bewirkende Prinzip, welches die Form verleiht, die das Prinzip der Bewegung ist. In dem Erkennen haben wir aber ein doppeltes immanentes Prinzip wirksam gefunden, die intellectuelle Kraft, das Prinzip auch in demjenigen, welcher nur die Potenz zum Erkennen besitzt, und das Gleichniss des erkannten Dinges, welches als actuelles Prinzip in dem Erkennenden auftritt. Was also immerhin, sei es die Denkkraft oder die Denkform verleiht, von jedem wird man sagen können, dass es die Erkenntniss verursache. Gott aber bewegt den geschaffenen Intellect in jeder von diesen beiden Beziehungen. Er ist nämlich das erste immaterielle Sein selbst, und weil die Intellectualität in der Immaterialität begründet liegt, das erste Erkennende. Da aber das Erste in jeder Ordnung das Folgende bewirkt, so hat alle sonstige Erkenntnisskraft in ihm seine Quelle. In dem Satze, dass Gott das erste immaterielle Sein ist und alles Seiende in ihm wie in der ersten Ursache vorausexistirt, liegt es gleichfalls begründet, dass alle Dinge in ihm auf intelligibele Weise vorliegen und zwar auf eine solche, wie sie nur ihm allein zusteht. Wie also alle Dinge ihrem Begriffe nach in Gott zuerst existiren und von ihm in die Geschöpfe herabströmen, damit diese das Sein erwerben, so strömen sie auch in jeglichen Intellect, um die Wahrheit der Dinge zu repräsentiren. Gott bewegt mithin jedweden geschaffenen Intellect, insofern er ihm die Denkkraft verleiht und die intelligibelen Denkformen **einprägt** und beides in ihrem Sein erhält und bewahrt [1]).

---

[1]) Th. Aq. S. th. p. I. q. 105. a. 3. —
August. de trin. VIII. c. 4. „Neque in his omnibus bonis ... quae commemoravi .... diceremus aliud alio melius, cum vere judicamus, nisi esset nobis **impressa** notitia ipsius boni, secundum quod et probaremus aliquid et aliud alii praeponeremus." de trin. XIV. c. 15. „Ubi scriptae sunt (regulae justitiae) nisi in libro lucis illius, quae veritas dicitur? unde omnis lex justa describitur et in cor hominis, qui operatur justitiam, non migrando, sed tamquam **imprimendo** transfertur, sicut imago ex anulo et in ceram transit et anulum non relinquit." Sermo 117. n. 11. „Interrogo autem ego et dico: Fulgor ab igne existit, an ignis a fulgore? Omnis anima mihi respondet. Voluit enim Deus **inseminare** omni animae initia intellectus, initia sapientiae. Omnis

Aus dieser Lehre folgt aber nicht, dass wir die ewigen Ideen selbst anschauten, sondern die göttliche Wesenheit steht zu dem Intelligibelen in ähnlichem Verhältnisse wie die Sonne zu den sichtbaren Dingen. Dass aber jemand, der die Farben gewahrt, auch die Sonne selbst sehe, welche die Farben hervorbringt, ist nicht erforderlich, wohl aber dass er das Licht der Sonne sehe, insofern es die Farben beleuchtet. So kann man auch nicht sagen, dass derjenige, der etwas Intelligibeles erkennt, die Wesenheit Gottes selbst anschaue, wohl aber, dass er das ursprünglich von Gott ausgehende intelligibele Licht insofern wahrnimmt, als durch es etwas intelligibel gemacht wird[1]). In diesem Sinne müssen wir auch die Lehre des Augustinus verstehen. Denn wenn dieser sich dahin ausdrückt, alles, was wir erkännten, schauten wir in den ewigen unerschaffenen Gründen, so wollte er damit nicht sagen, dass wir in Gott die ewigen Ideen und in ihnen wie in einem Objecte die Dinge anschauten — eine Erkenntniss, welche den Seligen im Himmel vorbehalten ist, — sondern dass wir in den Ideen wie in den bewirkenden Gründen die Dinge erkennen. Und darin stimmt er mit Plato überein. Denn auch dieser lehrte, die Wissenschaft von den getrennten Ideen vollziehe sich nicht so, dass sie in sich selbst angeschaut würden, sondern insofern unser Verstand an ihnen theilnehme, habe er die Wissenschaft von den körperlichen Dingen[2]).

---

mihi anima respondet et nemo dubitat, quod splendor de igne existit, non ignis de splendore."

[1]) Th. Aq. Q. 18. de verit. a. 1. ad 10. — S. th. p. I. q. 105. a. 3. ad 2. et ad 3. — Vgl. Avicen. de anima p. 5. c. 5. f. 25.

[2]) Th. Aq. S. th. p. I q. 81. a. 5. „Cum quaeritur, utrum anima humana in rationibus aeternis omnia cognoscat, dicendum est, quod aliquid in aliquo dicitur cognosci dupliciter. Uno modo sicut in objecto cognito, sicut aliquis videt in speculo ea, quorum imagines in speculo resultant, et hoc modo anima in statu praesentis vitae non potest videre omnia in rationibus aeternis, sed sic in rationibus aeternis cognoscunt omnia beati, qui Deum vident et omnia in ipso Alio modo dicitur aliquid cognosci in aliquo sicut in cognitionis principio, sicut si dicamus, quod in sole videntur ea quae videntur per solem. Et sic necesse est dicere, quod anima humana omnia cognoscat in rationibus aeternis, per quarum participationem omnia cognoscimus. Ipsum enim lumen intellectuale, quod est in nobis, nihil est aliud, quam quaedam participata similitudo luminis increati, in quo continentur rationes aeternae. Unde

So tritt auch in der Weise, wie Thomas die Platonischen Ideen als die Erkenntnissprinzipien behandelt, ein seltsames Schwanken zwischen der Autorität des Aristoteles und der des Augustinus zu Tage. Erst thut er alles Mögliche, um die Nichtigkeit der Lehre Platos zu zeigen, dann erkennt er sie in ihrer Richtigkeit an, nur dass dieser die Formen der Dinge auf immaterielle Weise für sich existiren liess. Thomas ist uns also selbst Zeuge, dass Aristoteles nicht einzig und allein die von Gott getrennte Existenzweise der Ideen zu befehden beabsichtigt.

Zehntes Kapitel.
Bestimmungen der Dinge, von welchen gesonderte Ideen angenommen werden müssen.

In der ausgedehnten, den Tractat von den Ideen abschliessenden Untersuchung über die Frage, von welchen Bestimmungen der Dinge gesonderte Ideen anzunehmen seien, spricht Thomas von Plato fast durchgängig im Sinne des Augustinus und der Neuplatoniker.

---

dicitur.. (Ps. IV. 6).. Signatum est super nos lumen vultus tui Domine" quasi dicatur: Per ipsam sigillationem (s. S. 99 Anm. 2. — S. 71 Anm. 1) divini luminis in nobis omnia demonstrantur. Quia tamen praeter lumen intellectuale in nobis exiguntur species intelligibiles a rebus acceptae ad scientiam de rebus materialibus habendam, ideo non per solam participationem rationum aeternarum de rebus materialibus notitiam habemus, sicut Platonici posuerunt, quod sola idearum participatio sufficit ad scientiam habendam... Quod autem Augustinus non sic intellexit, omnia cognosci in rationibus aeternis.. quasi ipsae rationes aeternae videantur, patet per hoc quod ipse dicit (q. 83. q 66) quod rationalis anima non omnis... sed quae sancta et pura fuerit, asseritur illi visioni sc. rationum aeternarum esse idonea." — Th. Aq Q. un. de spir. creat. a. 10. „Augustinus... non posuit species rerum per se subsistentes, sed loco earum posuit rationes rerum in mente divina, et quod per eas secundum intellectum illustratum a luce divina de omnibus judicamus, non quidem sic, quod ipsas rationes videamus, hoc enim esset impossibile, nisi Dei essentiam videremus, sed secundum quod illae supremae rationes imprimunt in mentes nostras. Sic enim Plato posuit scientias de speciebus separatis esse, non quod ipsae viderentur, sed secundum quod eas mens nostra participat, de rebus scientiam habet."

1.

Zuerst wird die Frage nach der Idee des Bösen aufgeworfen und dahin entschieden, dass für das Böse, da es dem Augustinus zufolge in dem Mangel des Masses, des specifischen Wesens und der Ordnung bestehe, Plato aber die Idee das specifische Wesen genannt habe, keine Idee beansprucht werden könne [1]).

Wenn wir dieses Argument, insofern es die Ideenlehre Platos zum Ausdrucke bringt, genau ansehen, müssen wir dann nicht sagen, dass Thomas in einem Athemzuge sich widerspricht? Ist nicht in dem Mittelsatze die Idee (wenn auch synthetisch gefasst) nach dem Aristotelischen Berichte als das angebliche Wesen der Dinge hingestellt und in dem Schlusssatze nach Augustinischer Auffassung als äussere Formalursache angenommen?

Doch dem sei, wie ihm wolle, Thomas betrachtet jenes Argument als die autoritative Grundlage für die Wahrheit, dass es keine Idee von dem Bösen gebe. Wie sollte auch in Gott eine Idee des Bösen vorhanden sein? Etwa als das Prinzip in der Gestaltung? Aber in Gott ist nichts anzutreffen, was als die Ursache des Bösen auftreten könnte. Oder etwa als Gleichniss? Dem steht aber entgegen, dass Augustinus das Böse etwas Formloses nennt [2]). Da aber das Gleichniss die Beziehung zu einer Form involvirt, die im gewissen Sinne (s. S. 54 Amk. 1, S. 85 Amk. 1) an ihm theilnimmt, und etwas böse genannt wird, insofern es sich der Theilnahme an der Gottheit entzieht, so kann das Böse in Gott kein Gleichniss haben [3]).

---

[1]) Vgl. Aug de natura boni c. 4. — de div. quaest. 83 q. 10. „Omne bonum a Deo, omne speciosum bonum, inquantum speciosum est, et omne quod species continet, speciosum est." — Vgl. Procli de malorum subsistentia, im Auszuge mitgetheilt von Fabricius Bibl. Graec. Vol. IX. p. 402. „Respondet (Proclus ex Platonis sententia) malum physicum... non esse malum, sed bonum... Non autem dari malum ἄκρατον et αὐτοκακόν aeternamve ideam et εἶδος mali ac subsistentiam... nihil enim esse malum hoc nisi minorem majoremve declinationem, recessum, defectum et privationem ab αὐταγαθῷ."

[2]) Aug. de vera relig. c. 18.

[3]) Th. Aq. Q. 3. de verit. a. 4.

Gott erkennt aber das Böse durch die Idee des entgegengesetzten Guten[1]).

2.

Weiterhin bringt Thomas Plato bei der Untersuchung zur Sprache, ob es eine Idee der ersten Materie gebe.

Es bedarf kaum des Hinweises, dass für diese Frage in der Platonischen Lehre, wie sie von Aristoteles überliefert wird, kein Raum vorhanden ist. Plato wollte zwar wie die Materie so auch die Form als etwas Ungewordenes und Ewiges anerkannt wissen, schreibt Thomas als Interpret des Stagiriten, aber nur von der Form behauptete er, dass sie neben den Einzeldingen läge, nicht aber von der Materie. Denn bezüglich der Materie sei es ein Widerspruch, sie von den Einzeldingen getrennt existiren zu lassen, da sie nur durch etwas anderes in ihrem Sein constituirt werde, bezüglich der Form aber sei die getrennte Existenz glaublicher, weil sie dem Dinge das Sein verleihe [2]).

Anders aber gestaltet sich die Frage, wenn es sich um die Ideen als wirkende Kräfte handelt, und da antwortet Thomas, Plato habe die Ideen als die Ursachen ihrer Abbilder aufgestellt, nicht aber habe er die erste Materie als eine Wirkung der Idee angesehen, sondern vielmehr als eine Ursache für die Idee (materia [erat ei ideae] causa). Zwei Principien nämlich habe er auf die Seite der Materie gesetzt, welche er das Grosse und Kleine genannt habe, dagegen auf die Seite der Form nur eins. Der Aquinate will offenbar sagen, die Wirksamkeit der Idee sei an die Mitwirkung der materiellen Ursache gebunden. Ehe die Materie die substantielle Form von der Idee empfangen könne, bedürfe sie einer Zubereitung, welche die körperlichen Wirker auf Grund ihrer von dem Grossen und Kleinen abgeleiteten accidentellen Formen herbeiführten [3]).

---

[1]) Ebend. ad 7.
[2]) Th. Aq. in Met. III. 1. 9 in fin. (Ar. 1060a 19 ff.)
[3]) Vgl. Th. Aq. S. th p. I. q. 15. a. 3. ad 3. „Plato secundum quosdam posuit materiam non creatam et ideo non posuit ideam esse materiae, sed materiae concausam."

Nach der christlichen Lehre aber ist die Materie von Gott verursacht und hat darum irgendwie in Gott eine Idee. Jedoch wenn wir von der Idee im strengen Sinne des Wortes reden, so ist der Urmaterie keine von der Form und dem Compositum verschiedene Idee in Gott einzuräumen. Da nämlich die Idee als das Formationsprinzip das Ding so ausspricht, wie es realisirt werden kann, die Materie aber nicht ohne die Form, noch die Form ohne die Materie ins Dasein tritt, so liegt weder der blossen Materie noch der blossen Form eine Idee im strengen Sinne gegenüber, sondern dem Compositum entspricht eine einzige Idee, welche das ganze Ding sowohl in Rücksicht auf die Form als auch in Rücksicht auf die Materie ins Leben ruft. Wenn aber die Idee im weiteren Sinne gefasst wird, so können wir allen jenen Bestimmungen, welche sich durch Trennung entdecken lassen, aber nicht getrennt zu existiren vermögen, distincte Ideen nicht streitig machen. So dürfen wir ruhig sagen, dass auch die Urmaterie an sich genommen eine Idee in Gott fordert [1]).

3.

Auch den Accidenzien räumte der Schöpfer der Ideenlehre, fährt der Aquinate fort, keine Ideen ein, wie das aus dem Berichte des Aristoteles erhellt. Denn Plato sah in den Ideen die **nächsten** Ursachen der Dinge. Wo er also irgend eine Bestimmung auf eine andere unmittelbare Ursache zurückführen konnte, forderte er für sie keine Idee, wie er auch den Dingen, in welchen ein Vor und Nach angetroffen wird, keine gemeinsame Idee zuschrieb, sondern das Erste die Idee des Zweiten sein liess. Da nun die Accidenzien unmittelbar aus der Substanz hervortreten, so stellte er ihnen keine Ideen gegenüber.

Der christlichen Lehre zufolge ist aber Gott auch, insofern er durch die secundären Ursachen wirkt, die unmittelbare Ursache jedweden Dinges und hat die Erfolge desselben voraus-

---

[1]) Th. Aq. Q. 3. de verit. a. 5. — In der S. th. p. I. q. 15. a. 3 ad 3. spricht Th. sich anders aus: „Habet quidem materia ideam in Deo, non tamen aliam ab ideam compositi. Nam materia secundum se neque esse habet neque cognoscibilis est." — Vgl. S. 32 Anm. 1 u. 2.

bestimmt; mithin müssen Ideen nicht nur von den ursprünglichen Wesen, sondern auch von ihren Producten, Ideen nicht nur von den Substanzen, sondern auch von den Accidenzien in ihm vorliegen. Aber die verschiedenen Arten von Accidenzien setzen in verschiedener Weise Ideen voraus. Die aus den Prinzipien der Substanz fliessenden Eigenthümlichkeiten, deren Trennung von ihrem Träger ohne Zerstörung des Dinges unmöglich ist, werden durch eine einzige Operation zugleich mit der Substanz hervorgerufen. Da nun die Idee im strengen Sinne die Form des bewirkten Dinges ist, insofern es verwirklicht wird, so erfordern diese Accidenzien keine distincte Ideen, sondern eine einzige, welche die Substanz mit ihnen zugleich zum Ausdrucke bringt. Diejenigen Accidenzien hingegen, welche nicht von den substantiellen Prinzipien bedingt und ohne Aufhebung des Trägers trennbar sind, werden durch eine von der Setzung der Substanz verschiedene Operation ins Dasein geführt und verlangen desswegen in Gott von der Idee ihres Trägers verschiedene Ideen. Wenn wir aber die Idee im weiteren Verstande als Gleichniss fassen, so haben beide Arten von Accidenzien in Gott distincte Ideen, weil sie an sich genommen einer unterschiedenen Betrachtung zugänglich sind. Darum sagt auch Aristoteles (gegen Plato), Ideen in dem Sinne von Erkenntnisgründen müsse es nicht bloss von den Substanzen, sondern auch von den Accidenzien geben. Was aber die anderen Gründe betreffe, aus welchen Plato Ideen aufgestellt habe, nämlich um in ihnen die Ursachen der Entstehung und des Seins der Dinge aufweisen zu können, so liessen diese der Natur der Sache nach Ideen nur von den Substanzen zu[1]).

---

[1]) Th. Aq Q. 3. de verit. a. 7. — Dass Plato unabtrennbare Accidenzien kannte, liest Thomas aus Arist. Met. 1017 b, 17—21 heraus. Th. Aq. in Met. V. 1. 10. t. c. 15. „Secundum opinionem Platonicorum ... quaecunque particulae sunt in praedictis (substantia particulari et substantia ut forma) substantiis quae sunt termini earum et signant hoc aliquid sec. opinionem eorum, in quibus destructis destruitur totum, dicuntur etiam substantiae, sicut superficie destructa destruitur corpus, ut quidam dicunt, et destructa linea destruitur superficies.... Iste autem modus non est verus. Nam hoc, quod communiter invenitur in omnibus et sine quo res esse non potest, non oportet, quod sit substantia rei,

Es ist von Interesse, die letzte Aeusserung des Thomas mit seiner Interpretation der betreffenden Stelle des Aristoteles in Vergleich zu bringen. Plato nahm Ideen an, schreibt er, um an ihnen den Gegenstand der wissenschaftlichen Bestimmungen und Definitionen zu haben. Einen einheitlichen, d. h. einen einfachen und untheilbaren Gedanken, durch welchen das Was eines jeden Dinges erfasst wird, giebt es aber nicht nur von den Substanzen, sondern auch von den Accidenzien. Wenn dieser Grund also, wie Plato meinte, zur Aufstellung von Ideen führen soll, so fordert er Ideen wie von jenen, so auch von diesen. Dazu kommt, dass von dem Standpunkte Platos aus sich noch manche andere Beweise beibringen lassen, welche die Nothwendigkeit von Ideen für die Accidenzien aufzeigen, wie z. B. dass es von ihnen Ideen auch als die Prinzipien des Seins und Werdens geben müsse. Aber die Bestimmung, welche Plato nach der anderen Seite den Ideen gab, dass sie nämlich als Wesen, woran die Sinnendinge theilnähmen, nothwendig seien, verbietet die Annahme von Ideen für die Accidenzien. Denn an dem bloss Accidentellen wird nicht theilgenommen, sondern nur insofern muss etwas an seiner Idee theilnehmen, als es selbst nicht von einem Subjecte ausgesagt wird (d. h. als es Substanz ist). Wenn beispielshalber etwas Sinnfälliges an der (dem Doppelten in der Sinnenwelt und dem Doppelten in dem Bereiche des mathematischen Mittleren übergeordneten, als Substanz betrachteten) Idee des Doppelten theilhat, so nimmt es zwar auch an dem Ewigen theil, nicht aber an sich, sondern nur in accidenteller Weise, d. h. insofern die Idee des Doppelten, an welcher es theilnimmt, ewig ist. Die Theilnahme bezieht sich also nur auf die Substanz, nicht aber auf die Accidenzien[1]).

Wenn wir dieser Bemerkung den Begriff einer Idee entnehmen, wie ihn Plato aufgestellt hat, so ist die Idee

    1. ein einfacher Gedanke, durch welchen das Was eines Dinges erkannt wird,

    2. etwas, das andere Dinge nachbildend darstellen können.

---

sed potest esse aliqua proprietas consequens rei substantiam vel principium substantiae." Vgl. Avicen. Log. p. 1. f. 4.

   [1]) Th. Aq. in Met. I. l. 14. t. c. 30 (Arist. 990 b 27 ff.)

Diese Definition stimmt nun zwar mit der des Thomas dem Wortlaute nach überein, aber der Sache nach ist sie eine andere. Während nämlich Aristoteles die Idee in der ersten Beziehung als das Erkenntniss- und Seinsprinzip und in der zweiten als die substantiirten Universalien hinstellt, fasst Thomas umgekehrt die Idee in der ersten Beziehung bloss als Erkenntnissprinzip, in der zweiten aber als Erkenntniss- und Seinsprinzip.

4.

Plato, sagt Thomas endlich, gab nicht den Einzeldingen, sondern bloss der Artnatur eine Idee, und zwar aus einem doppelten Grunde.

Da seiner Lehre zufolge die Idee nicht die Materie, sondern nur die Form der Dinge schaffend bewirkt (factiva tantum formae), die Materie aber das Individuationsprinzip bildet, durch die Form hingegen jedes Ding in seine Artnatur gesetzt wird, so liegt nicht dem Einzeldinge als solchem, sondern nur seiner Artnatur eine Idee gegenüber.

Aus dem Umstande, dass Plato nur dem ersten Gliede in einer Reihe, nicht aber den folgenden eine Idee zugestand, lässt sich ein anderer Grund ableiten. Vermuthlich glaubte er, nur für das an sich Bezweckte lasse sich eine Idee fordern. Nun aber zielt die Absicht der Natur, wenngleich ihr Wirken in der Erzeugung des Individuums seinen Abschluss findet, vorwaltend auf die Erhaltung der Art, wesshalb wir auch, wie Aristoteles bemerkt[1], an den Naturproducten nur von dem in ihrer Artnatur allgemein Wiederkehrenden einen Zweck angeben können, nicht aber von den individuellen Varietäten. Also antwortet nicht dem Einzeldinge, sondern lediglich seiner Artnatur eine Idee[2].

Aus dem gleichen Grunde liess Plato auch den Gattungen keine Ideen entsprechen, weil der Zweck der Natur sich nicht in der Erzeugung der Gattungsform, sondern der Artform verwirklicht[3].

---

[1] Arist. de gener. anim. V. 778. a 30.
[2] Th. Aq. Q. 3 de verit. a. 8.
[3] Ebend. — S. th. p. I. q. 15. a. 3. ad 4. „Genera non possunt

Wir Christen aber leben der Ueberzeugung, dass Gott die Ursache des Dinges ist sowohl bezüglich der Form als auch der Materie und dass sein Wissen und Wirken sich bis auf das Einzelnste erstreckt. Diese Ueberzeugung sichert uns das Dasein von Ideen, welche die Einzeldinge aussprechen und über das Einzelne gebieten und walten. Wenn wir also von der Idee im eigentlichen Sinne reden, so ist es eine einzige Idee, welche der Gattung, der Art und dem Individuum in dem singulären Dinge entspricht, weil diese Bestimmungen nicht getrennt existiren können. Fassen wir aber die Ideen im weiteren Sinne des Werthes, so erheischen diese Bestimmungen je ein besonderes Gleichniss [1]).

Thomas behandelt offensichtlich die Platonische Idee das eine mal, insofern sie schöpferisch, mit Einsicht und Wahl, das andere mal, insofern sie nach Weise der Natur ihr Product hervorbringen soll. In der ersten Beziehung erhebt er gegen Plato den Vorwurf, dass er den Einzeldingen keine Ideen gewährt habe, in der zweiten Beziehung lässt er seine Stimme zu Gunsten des Schöpfers der Ideenlehre ausfallen [2]).

---

habere ideam aliam ab idea speciei, sec. quod idea significat exemplar, quia nunquam genus fit nisi in aliqua specie . . . Individua vero sec. Platonem non habebant aliam ideam, quam ideam speciei, tum quia singularia individuantur per materiam, quam ponebat esse increatam, ut quidam dicunt, et concausam ideae, tum quia intentio naturae consistit in speciebus, nec particularia producit, nisi ut in eis species salventur. Sed providentia divina non solum se extendit ad species, sed ad singularia."

[1]) Th. Aq. Q. 3. de verit. a. 8.

[2]) Th. Aq. Quodl. VIII. a. 2. „Ad hoc per prius exemplar respicit, quod agens primo intendit in opere Agens autem quilibet principaliter intendit in opere quod perfectius est. Natura autem speciei est perfectissimum in unoquoque individuo: per ipsam enim duplex imperfectio perficitur, imperfectio sc. materiae, quae est singularitatis principium, quae cum sit in potentia ad formam speciei, perficitur, quando naturam speciei consequitur, et iterum imperfectio generalis, quae se habet ad differentias specificas in potentia ut materia ad formam, unde species specialissima est prima in intentione naturae . . . Unde exemplar, quod est in mente divina primo naturam speciei respicit in qualibet creatura." Vgl. Avicen. Sufficientia. c. 1. f 13. C „Res communes non sunt res, quas natura intendit, ut perficiat esse in ipsis. Non enim exigitur a natura facere animal absolute . . ., sed ut sint naturae specialium, et

Wie ganz anders redet aber der Aquinate von Plato dort, wo er die Aristotelische Auffassung wiedergiebt. Dass die Ideen in gleicher Anzahl vorhanden seien, als die (nach den Arten klassificirten) Sinnendinge, von welchen Plato in seiner Forschung ausging, um zu den Ideen fortzuschreiten, erhellt aus den Gründen, welche ihn zur Einführung der Ideenlehre bewogen. Da er nämlich bemerkte, dass bei den synonymen Dingen eine einheitliche Bestimmung in vielen Exemplaren wiederkehrt, so setzte er diese sofort als eine getrennte Idee. Eine einheitliche Bestimmung, die in vielen Dingen sich behauptet und von ihnen in synonymer Weise ausgesagt wird, insofern in einer Art viele Einzelwesen angetroffen werden, findet sich aber bei allen von den Ideen verschiedenen Dingen. Also entspricht jeder Art von Einzelwesen eine ihr eigenthümliche Idee[1]).

Elftes Kapitel.
Uebereinstimmung des Thomas mit Aristoteles in der Auffassung der Platonischen Ideenlehre.

Wenn wir bisher nicht wenige Aussprüche des Aristoteles vorgelegt haben, aus welchen, selbst wie sie Thomas auffasst, keineswegs hervorgeht, dass er an den Ideen lediglich die Weise der Immaterialität zu bekämpfen beabsichtige, sondern die im Gegentheil diese Behauptung zu erschüttern drohen, so war der englische Lehrer doch zu sehr mit den Schriften des Philosophen vertraut, als dass er sein Urtheil auf keine

---

cum natura specialium habuerit esse in singularibus, fiet aliquod individuum. Ergo hoc intenditur, ut naturae specialium faciant esse aliqua individua in sensibilibus. Non autem intenditur hoc individuum expresse signatum, sed in natura particulari, quae propria est ipsi individuo. Quia si intenderetur hoc individuum expressum, destrueretur esse et ordo ejus, quando destrueretur individuum vel quando desineret esse. Iterum si intenderetur natura communis et generalis esse et ordo ejus perficeretur, cum fieret, sicut cum fieret corpus qualicunque modo vel animal qualicunque modo. Ergo... hoc exigitur, ut natura speciei operetur individuum non proprie designatum et haec est perfectio et finis universalis. — Vgl. August. ep. XIV. ad Nebrid. n. 4.

[1]) Th. Aq. in Met. I. l. 14. t. c. 25. (Ar. 990 b 4 ff.)

Weise hätte rechtfertigen können. Es erübrigt uns also, diese Rechtfertigung zu versuchen.

Plato hat Recht, so lautet der Erklärung des Aquinaten zufolge der Richterspruch, welchen Aristoteles am Schlusse seiner in dem siebenten Buche der Metaphysik über die Ideenlehre geführten Untersuchung fällt, dass er den Ideen eine Sonderexistenz zuschreibt. Denn die Substanz ist ihrem Begriffe nach etwas für sich Seiendes; dies kann sie aber nicht sein, wenn sie in einem der sinnfälligen Dinge wäre, zumal sie dann nicht in einem anderen existiren könnte. Aber er hat nicht Recht, insofern er das „Eins in Vielem' als eine getrennte Idee setzt. Getrennt existiren und gleichwohl in Vielem sein, ist doch ein Widerspruch. Was ihn aber dazu verleitete, das also sich Ausschliessende zu vereinen, war dies. Einerseits sah er ein, dass die Vernunft das Dasein von unvergänglichen und unkörperlichen Substanzen nothwendig fordert, da die Substanz ihrem Begriffe nach nicht in das Stoffliche verwickelt zu sein braucht[1]); andererseits wusste er aber nicht anzugeben, was für ein Inhalt diesen unkörperlichen, jenseits der Dinge liegenden Substanzen zuzuschreiben sei. Weil nämlich unser Wissen seinen Boden in dem Sinnfälligen findet, und unsere Sinne an das Unkörperliche nicht hinanreichen, so können wir dieses nur insoweit erkennen, als das Materielle es uns bekannt giebt. Um aber dennoch über ihren Inhalt einigen Aufschluss ertheilen zu können, dichtete er ihnen an, sie seien der Art nach mit den vergänglichen Substanzen identisch, und lehrte, wie es in dem Bereiche des Sinnfälligen einen Menschen und ein Ross gebe, so finde sich auch in dem Gebiete des Unkörperlichen eine Substanz, die ein Mensch, und eine andere, die ein Ross sei, nur trete der Inhalt dieser getrennten Substanzen dadurch in unser Bewusstsein, dass wir Mensch an sich, Ross an sich sagten und überhaupt den Namen der Sinnendinge das Wörtchen „an sich' hinzufügten. Dieses Verfahren leidet aber an demselben Gebrechen, als wenn wir unter der Voraussetzung, dass wir die Gestirne niemals gesehen, ihr Dasein aber durch Vernunftschlüsse aufgezeigt hätten, sagen

---

[1]) Vgl. S. 17 Amk. 1.

wollten, diese unvergänglichen Körper hätten denselben Artinhalt, wie die vergänglichen, der eine sei ein Stier, der andere ein Widder, wie sich ja dergleichen Vorstellungen bei den Dichtern finden. Gesetzt also, wir könnten die Himmelskörper nicht sehen, so würde es doch ausser den von uns wahrgenommenen Dingen Substanzen anderer Art geben, wenn auch körperliche, so doch unvergängliche, wie es die Gestirne sind. Wissen wir also nicht gleich anzugeben, was die getrennt existirenden geistigen Substanzen für einen Inhalt haben, so kann man doch durch Beweise darthun, dass es deren giebt und dass sie von anderer Art sind als das Sinnfällige [1]).

Dieser Erläuterung zufolge stellt der Philosoph die Ideen und die ersten Beweger oder Gestirngeister, deren Dasein er im zwölften Buche der Metaphysik erschliesst, hinsichtlich ihrer getrennten Daseinsweise und Substantialität auf eine und dieselbe Stufe. Welche Bedeutung er aber dieser getrennten Daseinsweise der Ideen beilegt, sagt uns Thomas in der Interpretation eines der problematisch vorgetragenen Argumente der sechsten Aporie des dritten Buches der Metaphysik, nach welcher zu Gunsten der Platonischen Lehre Folgendes geltend gemacht wird. Das Prinzip, von welchem das ganze Ding abhängt, muss jenseits desselben liegen und möglicher Weise von ihm getrennt existiren können, weil nichts die Ursache seiner selbst ist. Dass nun aber neben den Einzeldingen etwas existire — welchen Grund hat man für diese Annahme, als weil es allgemein und von allen ausgesagt wird. Je allgemeiner also etwas ist, um so mehr muss es als getrennt und als Prinzip angesehen werden. Nun aber sind die ersten Gattungen (das Eins und das Sein) die höchsten Prädikate, mithin auch die höchsten Prinzipien [2]).

---

[1]) Th. Aq. in Met. VII. l. 16, t. c. 58. (Ar. 1040 b, 27 ff.) Vgl. Frhr. v. Hertling: Materie und Form. S. 44. Amk. 1.

[2]) Th. Aq. in Met. III. l. 10. t. c. 11. p. 15. — (Arist. 999 a, 17 ff.) „Τὴν ἀρχὴν δεῖ καὶ τὴν αἰτίαν εἶναι παρὰ τὰ πράγματα ὧν ἀρχή, καὶ δύνασθαι εἶναι χωριζομένην αὐτῶν. τοιοῦτον δέ τι παρὰ τὸ καθ' ἕκαστον εἶναι διὰ τί ἄν τις ὑπολάβοι, πλὴν ὅτι καθόλου κατηγορεῖται καὶ κατὰ πάντων; ἀλλὰ μὴν εἰ διὰ τοῦτο, τὰ μᾶλλον καθόλου μᾶλλον θετέον ἀρχάς· ὥστε ἀρχαὶ τὰ πρῶτ' ἂν εἴησαν γένη."

Trägt Aristoteles den Obersatz dieses Argumentes in dem angegebenen Sinne und nicht bloss im eigenen, sondern auch im Namen seines Lehrers vor (Plat. Tim. c. 4.28), so gibt er Plato darin Recht, dass er die Ideen ähnlich wie er selbst die Gestirngeister als die Ursachen erklärt habe, von denen die Sinnendinge in ihrem Entstehen und in ihrem Bestande bedingt seien.

Durch diese Interpretation gewinnt Thomas die Autorität des Aristoteles für sich, wenn er die Platonischen Ideen unter verschiedenen Gesichtspunkten, bald wie die allgemeinen Prädikate, bald wie die nächsten, bald wie die entfernteren Ursachen der Erzeugung behandelt.

Doch von welcher Art sieht er die Wirkungsweise an, welche der Stagirite im Sinne ihres Urhebers den Ideen beilegt? Offenbar von derselben, wie sie den Gestirngeistern zukommt, falls Aristoteles nicht in irgend einer Beziehung eine Verschiedenheit feststellt. Nun aber hat das Verhältniss, in welchem dieser die Gottheit und die Sphärenbeweger zu der Welt stehen lässt, eine verschiedene Deutung erfahren. Der hergebrachten Ansicht zufolge ist die Gottheit auf einsame Betrachtung ihrer selbst beschränkt und wird als das erste Prinzip nur darum bezeichnet, weil sie als der Gegenstand der Liebe und Sehnsucht alles bewegt. Das gleiche gilt von den immateriellen Substanzen, welche die Bewegung der Gestirne verursachen. Thomas aber erläutert die zur äussersten Kürze zusammengedrängten Aussprüche des Philosophen dahin, die Gottheit erkenne alles, was immerhin gewusst werden könne durch die Erfassung ihres eigenen Wesens, sie sei nicht bloss das Prinzip, von dem die Bewegung ausgehe, sondern auch die erste Ursache, welche nach eigenen in ihrem Verstande vorliegenden Ideen sich wirksam erweise; sie habe die ganze Welt und zwar von Ewigkeit her ins Dasein gerufen und erhalte sie durch ihre Macht und leite sie nach ihren Zwecken[1]). In

---

[1]) Th. Aq. in Met. XII. l. 11. t. c. 51. p. 6. — l. 7. in fin. — II. t. c. 4. l. 2. (Ar. 993 b 8) — III. l. 11. t. c. 15. p. 9. (Ar. 1000 b 22) — VI. l. 1. t. c. 2. (Ar. 1026 a 18) — Q. 2. de verit. a. 5. — a. 3. ad 5. — in Evgl. Johann. l. 1. — II. Sent. d. 1. q. 1. a. 5. ad 15. — d. 39. q. 2. a. 2. — S. c. gent. II. c. 15. — in l. de causis l. 2. 12. 13. 18.

analoger Weise erfüllten auch die Sphärengeister mit Einsicht und Willen das Geschäft, das ihnen von der Gottheit aufgetragen sei, doch könnten sie dieses nicht ohne Beistand der Gestirne vollbringen¹). Es ist hier der Ort nicht, diese Ansicht, welche nur eine eigene Ausführung in ihr volles Licht setzen kann, an der Hand der Aristotelischen Angaben zu verfolgen. Ist sie aber die richtige, so kann Thomas wohl glauben, er finde sich im Einverständniss mit dem Philosophen, wenn er die Platonischen Ideen ähnlich wie die Gestirngeister als mit Vorbedacht wirkende Ursachen beschreibt, nur dass ihnen das Prinzip der Bewegung abgehe.

In den beiden wiedergegebenen Auslassungen des Aristoteles kehrt jedoch immer noch der so heftig befehdete Charakter der Ideen als allgemeiner Prädikate wieder, Thomas musste sich sagen, dass in ihnen nur wie von spekulativen Ideen die Rede sei, wie kam er nun zu der Meinung, dass Aristoteles sie als praktische Ideen anerkannt habe?

Thomas legt die Ideenlehre Platos wiederholt in einem kurzen Umrisse dar. Wegen der doppelten Abstraction, deren unser Intellect in dem ergreifenden Erkennen der Wahrheit sich bedient, lesen wir in seiner Schrift von den getrennten Substanzen, stellte Plato eine doppelte Gattung von jenseits des Sinnfälligen liegenden Wesen auf, die Dinge des mathematischen Mittleren und die Ideen. In dem Ideenreiche liess er eine gewisse Ordnung walten; je einfacher etwas dem Begriffe nach sich darstellt, desto höher stand es ihm in dem Gebiete der Wirklichkeit. Das Erste aber, was von dem Intellecte ergriffen wird, ist das Eins und das Sein, denn wer dies nicht erfasst, erkennt nichts. Das Eins und das Gute lassen sich aber gegenseitig austauschen. Darum setzte er die Idee des Eins, das Eins an sich und das Gute an sich, als das erste Prinzip der Dinge und nannte es den höchsten Gott²).

Was Thomas aber unter diesem höchsten Gotte Platos versteht, darüber unterrichtet er uns in dem Prolog seiner Bearbeitung des Buches von den göttlichen Namen. Nicht

---

¹) Th. Aq. de sub. sep. c. 3. 4. 9.
²) Th. Aq. de sub. sep. c. 1. — Bez. der Einerleiheit der Idee des Eins und des Guten (Arist. Ethic. Eudem. 1218 a 19. — Met. XIV. 1091 b 13.

bloss, heisst es dort, bediente sich Plato seiner Abstractionsmethode bezüglich der untersten Arten, sondern auch bezüglich der höchsten gemeinsamen Bestimmungen, als da sind das Gute, das Eins und das Sein. Er behauptete demnach das Dasein eines ersten Wesens, das wesentlich die Güte, die Einheit und das Sein ist, eines Wesens, welches wir Christen Gott nennen, von dem alles, was gut, eins und seiend ist, herrühre und also benannt werde.

Aber begegnet dem Aquinaten, fragen wir, in dieser Darstellung nicht ein schwerer Irrthum? Sind die Begriffe des Eins und des Seins und des Guten, die wir von den Dingen abstrahiren, ihrem Inhalte nach dasselbe, was wir Christen mit dem Namen Gott bezeichnen? Offenbar giebt Thomas die Lehre Platos nach dem bei Aristoteles herrschenden Sinne wieder, und muss er dann nicht unter der höchsten Idee das verstehen, was auch dieser darunter begreift? Was sagt aber dieser von ihr der eigenen Erklärung des Thomas zufolge?

Plato behandelte die allgemeinsten Prädikate, das Eins und das Sein, als Gattungen, die alles Bestehende umfassen, weil er sie nicht als die Attribute einer von ihnen verschiedenen Natur, sondern als die Natur der Dinge selbst ansah. Denn wenn die Einheit und das Sein nicht etwas Subsistirendes und zugleich die Substanz der Dinge wäre, dann würde, so folgerte er, überhaupt kein Universale getrennt existiren und Substanz sein, sondern es würde nur Körperliches geben, eine Annahme, die er als absurd bezeichnete, weil unser Wissen das Dasein von getrennten Substanzen erheische[1]). Und was sagt der Philosoph von der Idee des Guten? Plato nahm ein getrenntes Gute an gleichsam als eine gemeinsame Idee und die Substanz von allem, was gut ist[2]).

Dass nun diese Platonische Idee des Seins und des Eins, von welcher Aristoteles redet, nicht mit dem Gotte der Christen identificirt werden dürfe, deutet er in der Lösung an, welche er den von Aristoteles bezüglich des Eins und des Seins aufgeworfenen Schwierigkeiten nachfolgen lässt. Weder das Eins

---

[1]) Th. Aq. in Met. III. l. 8. t. c. 10. p. 7. (Arist. 998 b, 70) — l. 12. t. c. 16. p. 3. (Ar. 1001 a 4 ff.)
[2]) Th. Aq. in l. Ethic. Nic. I. l. 6. (Ar. 1091 b).

noch das Sein ist eine Gattung, schreibt er, auch bezeichnet keine von diesen Bestimmungen eine Substanz, sonst wäre alles Substanz und nichts ein Accidenz[1]). Anstatt der Platonischen Idee des Seins ist eine andere Substanz aufzustellen, die das Eins und das Sein selbst ist, die von der Welt getrennt existirt und deren Dasein Aristoteles am Schlusse der Metaphysik aufzeigt, jedoch ist diese nicht die Substanz aller Dinge, sondern für alle das Prinzip des Seins und der Einheit. Von den verursachten Dingen aber wird das Eins ausgesagt, insofern es sich mit dem Sein austauschen lässt, und so besitzt jedes Ding seine Einheit auf Grund seiner Wesenheit und das Eins fügt dem Sein nichts als den Begriff der Ungetheiltheit hinzu[2]).

Auch anderwärts hält Thomas den abstracten Begriff des Seins und den Begriff Gottes scharf auseinander. Das abstracte Sein nennt er das, was unser Verstand als das Bekannteste an den Dingen zuerst ergreift und worauf er alle übrigen Vorstellungen zurückführt. Es ist dieses Sein ein derartiges, dass alle weiteren Bestimmungen von ihm ausgeschlossen sind, aber die Möglichkeit solcher doch offen lässt, nicht als ob ihm etwas beigelegt werden könnte, was ausserhalb des Seinsbegriffes läge, wie die artmachenden Unterschiede ausserhalb des Gattungsbegriffes, weil von dem Sein nichts ausgesagt werden kann, was nicht gleichfalls ein Sein ist, sondern die dem Sein beigelegten Bestimmungen drücken verschiedene Weisen desselben aus, die durch das Wort Sein selbst nicht bezeichnet werden, und zwar sind dies entweder Weisen, die je einem Sein besonders zukommen, und so bilden wir durch die Auffassung der verschiedenen Grade des Seins die verschiedenen Gattungsbegriffe, Substanz, Quantität u. s. w., oder es sind Weisen, die allem Sein eigenthümlich sind, und diese werden durch die Begriffe Etwas, Eins, Wahres und Gutes ausgedrückt[3]). Was für Folgerungen aber zieht der Aquinate aus dem Irrthum, dieses Sein für die Gottheit zu halten? Gott wäre entweder, wie Amalrich lehrte, die

---

[1]) Vgl. Avicenn. Met. tr. 3. c. 3. f. 79.
[2]) Th. Aq. in Met. III. l. 12.
[3]) Th. Aq. Q. 1. de verit. a. 1.

Substanz und das formale Sein aller Dinge und würde zu den Gattungen, Arten und Einzelwesen bestimmt werden — oder er würde, da kein Gemeinsames ausser den Dingen als nur dem Begriffe nach existirt, kein anderes Dasein als nur in dem Intellecte haben [1]).

Der Begriff hingegen, den wir uns von dem göttlichen Sein bilden, ist ein ganz anderer. Zwar denken wir das göttliche Sein auch als ein einfaches, aber als ein solches, dem wegen der Fülle seines Seins nicht bloss in unseren Gedanken, sondern auch der Wirklichkeit nach nichts beigelegt werden kann. Das göttliche Sein ist der reinste Act und der Inbegriff aller Vollkommenheiten, und während das prädikative Sein mit jedem Dinge, von dem es ausgesagt wird, identisch ist, ist das göttliche Sein über alle Dinge ohne Verhältniss erhaben [2]).

Wie sollen wir also den Aquinaten entschuldigen? Sollen wir etwa sagen, er habe in jenem Umriss bezüglich der höchsten Idee die Denkart des Aristoteles und des Augustinus verquickt? Denn dieser äussert sich dahin, Plato habe das wahre und höchste Gut Gott genannt [3]). Aber ein solcher Wechsel in der Vorstellungsweise in ein und demselben Berichte würde eine Nachlässigkeit verrathen, die wir einem Schriftsteller, wie Thomas ist, nicht zutrauen dürfen. Doch wie wollen wir die Schwierigkeit lösen?

Amalrich, sagt der Aquinate, habe in dem Ausspruche des Dionysius Areopagita, Gott sei das Sein aller existirenden Dinge, die Berechtigung zu finden geglaubt, Gott als das formale Sein aller Dinge hinzustellen. Aber nichts liege dem Dionysius ferner, als solch eine irrthümliche Lehre. Mit Bestimmtheit erkläre er, Gott stehe mit den Geschöpfen nicht so in Berührung, wie aus dem Gepräge des Siegels und dem Wachse Eins werde, noch habe zwischen beiden eine solche Vereinigung statt, dass man sagen könne, er vermenge sich mit den Theilen der Dinge wie der Punkt als das Ende der Linie mit dieser [4]). Doch sei zu beachten, dass der Areopagite

---

[1]) Th. Aq. S. c. gent. I. c. 26.
[2]) Elend. — Q. 10. de verit. a. 11. ad 10.
[3]) Aug. de civ. Dei VIII. c. 4.
[4]) Th. Aq. S. c. gent. I. c. 26. — in l. de div. nom. c. 2. l. 3.

in jenen Worten die Redeweise Platos nachahme. Wenn dieser nämlich das getrennte Sein das Sein der Dinge nenne, so verstehe er darunter, dass die Idee als das Prinzip in der **Synthesis** der Dinge Formen bewirke, vermittelst welcher sie sich den Dingen mittheile, aber seinem Ausdrucke nach sei die Idee, an welcher die Dinge theilnähmen, der verselbstständigte **abstracte** Begriff [1]). In den Worten: compositiva per participationem abstractorum participantur giebt Thomas seine Auffassung der Platonischen Ideenlehre mit gewohnter Kürze, aber vollständig wieder. Sowohl die Augustinische als die Aristotelische Vorstellungsart kommt in ihnen zum Ausdruck.

Doch wenn wir der Quelle dieser Formel nachforschen, so stellt sich heraus, dass sie einer kritischen Bemerkung des Aristoteles abgedrungen ist. Die Ideen, so lautet sie in der Interpretation des Aquinaten, sind nicht die Substanzen der sinnfälligen Dinge, sonst müssten sie ihnen innewohnen, das aber widerspricht der Lehre Platos, sondern sie sind den Dingen, insofern diese an ihnen theilnehmen, gegenwärtig. Auf diese Weise, glaubte nämlich Plato, seien die Ideen die **Ursachen** der Dinge. Wie wir uns vorstellen, die Weisse existire an sich gleichsam als eine abstracte Weisse und vermische sich mit dem concreten Weissen, so dass dieses an jener theilnehme, in ähnlicher Weise könnten wir sagen, der getrennte Mensch vermenge sich mit dem Einzelmenschen, welcher aus der Materie und der Artnatur, an der er theilnehme, zusammengesetzt sei [2]).

---

[1]) Th. Aq. in 1. de div. nom. c. 5. l. 1. „Ipse Deus est esse existentibus, non quidem ita, quod Deus sit ipsum esse formale existentium, sed eo modo loquendi utitur (Dionys.) quo Platonici utebantur, qui esse separatum dicebant esse existentium, inquantum compositiva per participationem abstractorum participantur. Et quod causaliter sit intelligendum, apparet per hoc, quod subdit, quod non solum existentia sunt ex Deo, sed etiam ipsum esse existentium est ex Deo."

[2]) Th. Aq. in Met. I. 1. 15. t. c. 31. „Nec potest dici, quod illae species sunt substantiae istorum sensibilium. Nam cujuslibet rei substantia est in eo, cujus est substantia. Si igitur illae species essent substantiae rerum sensibilium, essent in his sensibilibus, quod est contra Platonem. Nec iterum potest dici, quod illae species adsint istis substantiis sensibilibus sicut participantibus eas. Hoc enim modo Plato

Die Dinge inhäriren den Ideen als ihren Ursachen. Die bewirkende Ursache und die Wirkung sind nun zwar ihrem Begriffe nach gleich, insofern jedes Wirkende etwas Gleiches wirkt, aber der Zahl nach sind sie verschieden, weil nichts sich selbst verursachen kann. Weit entfernt also, dass die Idee als die Ursache die den Dingen einwohnende Form wäre, nimmt das Ding ein von der Idee herrührendes Gleichniss in sich auf, vermittelst dessen es an der Idee theilnimmt und das selbsteigene Sein gewinnt [1]). Die Idee ist dem Dinge, weil sie es unmittelbar hervorruft, insofern gegenwärtig, als sie durch ihre Kraft es berührt, und zwar nicht bloss in dem Augenblicke, wann es ins Dasein tritt, sondern auch so lange, als es im Sein beharrt [2]). Dieses Verhältniss stellte sich Plato aber so vor, als wie wir uns denken, dass das concrete Einzelne an dem abstracten Allgemeinen theilnehme [3]). Die Schuld hieran lag darin, dass er bei der Forschung nach den höheren Ursachen nicht wie Aristoteles auf dem grössere Sicherheit darbietenden und zur Ueberzeugung führenden Wege,

---

opinabatur aliquas species horum sensibilium causas esse, sicut nos intelligeremus ipsum album per se existens, ac si esset quoddam album separatum, permisceri albo, quod est in subjecto et albedinem participare, ut sic etiam dicamus, quod homo iste, qui est separatus, permisceatur huic homini, qui componitur ex materia et natura speciei, quam participat." — Arist Met. I 991 a. Οὔτε (τὰ εἴδη) πρὸς τὴν ἐπιστήμην οὐθὲν βοηθεῖ τὴν τῶν ἄλλων (οὐδὲ γὰρ οὐσία ἐκεῖνα τούτων· ἐν τούτοις γὰρ ἂν ἦν), οὔτε εἰς τὸ εἶναι, μὴ ἐνυπάρχοντά γε τοῖς μετέχουσιν· οὕτω μὲν γὰρ ἂν ἴσως αἴτια δόξειεν εἶναι ὡς τὸ λευκὸν μεμιγμένον τῷ λευκῷ. S. S. 82 Anmk. 2 ff.

[1]) Th. Aq. Q. 21. de verit. a. 4.
[2]) Vgl. Th. Aq. S. th. p. I. q. 8. a. 1. Utrum Deus sit in omnibus rebus. — S. S. 71 Anmk. 1.
[3]) Th. Aq. S. th. p. II. II. q. 23. a. 2. ad 1. „Ipsa essentia divina charitas est, sicut et sapientia est et bonitas est Unde sicut dicimur boni bonitate, quae est Deus et sapientes sapientia quae est Deus (quia bonitas, qua formaliter boni sumus est participatio quaedam divinae bonitatis, et sapientia, qua formaliter sapientes sumus, est participatio quaedam sapientiae) ita etiam charitas, qua formaliter diligimus proximum est quaedam participatio divinae charitatis. Hic enim modus loquendi consuetus est apud Platonicos, quorum doctrina imbutus fuit Augustinus, quod quidam non advertentes ex verbis ejus sumpserunt occasionem errandi."

der von der Bewegung des Sinnfälligen den Ausgangspunkt nimmt, sondern auf dem Wege der begrifflichen Analysis vorzudringen suchte[1]). Man kann nämlich, wenn es erlaubt ist, hier einen Ausspruch Alberts des Grossen anzuziehen, das Particuläre auf das Allgemeine, das Spätere auf das Frühere, die Wirkung auf die Ursache, das Zusammengesetzte auf das Einfache zurückführen. Von diesen vier Gliedern, sagt er, sei immer das je zuerst genannte ein Dieses und Jenes oder eine Theilnahme. Werde aber die Analysis bis zu dem ersten Prinzipe durchgeführt, so tauche die Erkenntniss auf, dass Gott die erste endzweckliche, vorbildliche, einfache und gemeinsame Ursache aller Geschöpfe sei. Auf diesem Wege habe Plato nicht nur die Universalien ante rem, sondern auch Gott als das Prinzip von allem, was da lebt und webt gefunden[2]). Im selben Sinne ist es nun auch zu verstehen, wenn Thomas berichtet, Plato habe alles Materielle und Zusammengesetzte auf einfache und abstracte Prinzipien zurückgeführt[3]) und in der höchsten verselbständigten Abstraction unseres Geistes das Wesen erkannt, welches wir Christen mit dem Namen

---

[1]) Th. Aq. de subst. sep. c. 2. „Aristoteles manifestiori et certiori via (quam Plato) processit ad investigandum substantias a materia separatas sc. per viam motus" (secund. quem educuntur formae ex materia). l. c. c. 6. „Plato investigando suprema entia processit resolvendo in principia formalia." in Met. III. l. 1. „In quaesitione veritatis Arist. incipit a sensibilibus et manifestis et procedit ad separata. Alii vero intelligibilia et abstracta voluerunt sensibilibus applicare." — Q. un. de spir. creat. a. 3. — Vgl. Simplicii Comment. in decem categorias Arist. Venetiis 1540. f. 1. „Modus locutionis Arist. est, ut verba sensui et sensus verbis cohaereant . . . Item nusquam voluit ab evidentia deflectere . . . et a natura discedere . . . quinimmo ea, quae naturam excedunt per habitum et cognitionem naturalem contemplatur, ceu et div. Plato e converso . . . naturalia considerat, quatenus divinis participant rebus et his, quae supra naturam sunt. Verumtamen neque fabulis neque aenigmatibus . . usus et. Nam antiquiores . . cum putassent non oportere coriariis plebeisque hominibus suam sapientiam proponere, quae si proposita fuisset, ne facillime eam capescerent . . . alii fabulis, alii conjecturis, metaphoris, similitudinibus eam occultarunt, ceu arcana rerum sacrarum sub velaminibus abdere occultareque consueverunt."

[2]) Albert. M. S. th. p. I. tr. 6. q. 26. a. 3. p. 1. ad 1. p. 135. — Vgl. Th. Aq. Q. 21. de verit. a. 4. ad 3. — Sent. I. d. 19. q. 5. a. 2. ad 3.

[3]) Th. Aq. in prol. comm. in l. de div. nom.

Gott bezeichneten. Um ein getreues Bild von der Denkart
des attischen Philosophen zu geben, will er auch seine Ausdrucksweise nicht verlassen. Auf diese Weise hat der Aquinate
die abstracten Ideen zu synthetischen gemacht, das Potentielle
zum Actuellen erhoben, die leblosen Begriffe in lebensvolle, wirksame Kräfte umgesetzt und in dieser Beziehung,
wie er glaubt, Plato und Aristoteles in Einklang gebracht.
Wenn auch letzterer gegen die Lehre seines Vorgängers
streitet, so geschieht dies in vielen Fällen nur deshalb, um das
Gewand zu zerreissen, in welches Plato die Ideen einkleidete,
und die Metaphern und Symbole zu beseitigen, in welche er
die Wahrheit verhüllte. Das Wesen der Ideenlehre bleibt unangetastet, nur der Schein soll vielfach berichtigt werden, der
aus der Darstellung entsteht und leicht zum Irrthume führt [1]).

Zu Gunsten seiner Ansicht über die Stellung des Aristoteles
zu der Ideenlehre glaubt Thomas sich noch auf zwei weitere
Aussprüche des Philosophen berufen zu können.

Plato, heisst es in dem ersten Buche der Metaphysik,
unterscheide sich zwar dadurch von den Pythagoreern, dass

---

[1]) Th. Aq. in Ar. l. de anima I. l. 8: „Plerumque, quando Aristoteles
reprobat opiniones Platonis, non reprobat eas quantum ad intentionem
Platonis, sed quantum ad sonum verborum ejus. Quod ideo facit, quia
Plato habuit malum modum dicendi. Omnia enim figurate dicit et per
symbola docet, intendens aliud per verba, quam sonent ipsa, sicut quod
dixit animam esse circulum." — I Phys. l. 14. in fin.; in l. de coelo I.
l. 22. „Dicunt quidam, quod isti poëtae et philosophi et praecipue Plato
non sic intellexerunt, secundum quod sonat secundum superficiem verborum, sed suam sapientiam volebant quibusdam fabulis et aenigmaticis locutionibus occultare, et quod Aristotelis consuetudo fuit in pluribus
non objicere contra intellectum eorum, qui erat sanus, sed contra verba
ne aliquis in tali modo loquendi in errorem incurreret; sicut dicit
Simplicius in commento" (I. t. c. 99. f. 46.) — Arist. Met. 1040 b 27 ff.):
οἱ τὰ εἴδη λέγοντες εἶναι, τῇ μὲν ὀρθῶς λέγουσι χωρίζοντες αὐτά,
εἴπερ οὐσίαι εἰσί, τῇ δ' οὐκ ὀρθῶς, ὅτι τὸ ἓν ἐπὶ πολλῶν εἶδος λέγουσιν. — 1069a, 26 ff. οἱ μὲν οὖν τὰ καθόλου οὐσίας μᾶλλον τιθέασιν·
τὰ γὰρ γένη καθόλου, ἅ φασιν ἀρχὰς καὶ οὐσίας εἶναι μᾶλλον διὰ τὸ
λογικῶς ζητεῖν. — Simpl. in comm. cat. f. 2. „Oportet interpretem
eorum, quae dicuntur ab Aristotele contra Platonem non solum ad
verba respicere decernentem ac statuentem hos philosophos dissentire,
sed quum aspexerit ad sententiam et mentem eorum plerisque in locis
eorum conciliationem et concordiam convincere."

diese die Dinge durch Nachahmung der Zahlen verursacht sein und bestehen liessen, er aber durch Theilnahme an den Ideen, doch sei die Theilnahme statt der Nachahmung nur eine Veränderung des Ausdruckes. Gleichwohl lehren die weiteren Angaben, dass die Ideen nichts als ruhende und abstracte Musterbilder seien, so dass an der Eigenthümlichkeit einer jeden die ihr nachgebildeten Dinge in der Weise theilhaben, wie überhaupt jedes Abbild an der seines Urbildes, und Aristoteles findet, dass damit gar nichts gesagt sei, indem es ja dann offenbar noch eines sonstigen Prinzipes, das Plato nicht annehme, nämlich der bewegenden Ursache bedürfe, welche die Dinge nach dem Urbilde der Ideen hervorbringe, so dass also die Theilnahme in der Ideenlehre unerklärlich bleibe [1]).

Thomas hält aber den ersten Ausspruch des Stagiriten fest; zwar bemerkt er, Plato habe den Namen Nachahmung in den Ausdruck Theilnahme umgesetzt, weil er **unbewegliche** Ideen als den Gegenstand unserer Definitionen angesehen (s. S. 127 Anm. 2) und darum das Wort Nachahmung nicht passend erachtet habe, aber er lenkt unsere Aufmerksamkeit auch darauf hin, dass, während die Pythagoreer von einer Nachahmung bloss gesprochen, Plato die Art und Weise ermittelt habe, wie die Dinge an dem gemeinsamen Begriff theilnähmen [2]). Wie dies gemeint sei, spricht sich in der Auffassung aus, von den Ideen strömten, wenngleich nicht durch das Medium

---

[1]) Arist. Met. 987 b. 8—13 — 991 a. 20 ff.
[2]) Th. Aq. Met. I. 1. 10. „Nomen participationis Plato accepit a Pythagora. Sed tamen transmutavit ipsum. Pythagorici enim dicebant, quod huiusmodi existentia sensibilia erant quasi quaedam imitationes numerorum. In quantum enim numeri, qui de se positionem non habent, accipiebant positionem, corpora causabant. Sed quia Plato ideas posuit immobiles ad hoc, quod de eis possent esse scientiae et diffinitiones, non conveniebat ei in ideis uti nomine imitationis, sed loco ejus usus est nomine participationis. Sed tamen est sciendum, quod Pythagorici, licet ponerent participationem aut imitationem, non tamen perscrutati sunt, qualiter species communis participetur ab individuis sensibilibus sive ab eis imitetur, quod Platonici tradiderunt." — Die Dinge ahmen nicht die spekulative, sondern die praktische Idee nach, aber vermittelst der praktischen nehmen sie an der speculativen theil.

eines körperlichen Instrumentes, so doch unmittelbar Abbilder in die Materie herab, d. h. die Ideen seien gleichsam schöpferische Kräfte.

An diese Stelle reiht sich eine andere, welche freilich in dem Urtext anders lautet, als in der von Thomas bei seiner commentirenden Thätigkeit benutzten Uebersetzung. Die alten Naturphilosophen, heisst sie, fanden die Gegensätzlichkeit auf seiten der Form, die Einheit aber auf seiten der Materie. Die Erfahrung hatte sie nämlich dahin belehrt, dass aus der Materie durch Aufnahme einer Form nach der anderen viele Dinge entstehen. Denn wenn ein Ding vergeht und das andere entsteht, so ist es die gleiche Materie, welche bald dieser, bald jener Form unterliegt, aber ein und dieselbe Form constituirt durch eine bloss einmalige Vereinigung mit der Materie das Ding und kommt niemals mehr einem anderen Erzeugnisse zu. Plato aber liess umgekehrt die Einheit von der Form, die Vielheit von der Materie sich herschreiben. Ihm stand nicht ein gegebener Stoff zu vielen Formen, sondern eine Form zu vielen Theilen des Stoffes im Verhältniss. Er schöpfte diese Meinung aus der Beobachtung, dass das Aufgenommene nach den Grenzen und Gesetzen des aufnehmenden Substrates sich richte, die Verschiedenheit des Aufgenommenen also von der Verschiedenheit des aufnehmenden Prinzipes herrühre, je ein Theil der Materie aber nur in bestimmt abgrenzender Weise die Form empfangen könne, — ferner aus der Beobachtung, dass das die Form der Materie hinzubringende Agens, ob es schon ein einzelnes sei, doch viele Dinge von derselben Art verfertigen könne, und zwar wegen der in der Materie begründeten Theilung. Wie das Männliche zu dem Weiblichen sich als das formgebende und bewirkende Prinzip verhalte, das Weibliche aber nur durch eine Begattung befruchtet werde, während das Männliche viele weibliche Individuen befruchten könne, so, lehrte er, stehe auch ein und dieselbe Form im Verhältniss zu vielen Theilen der Materie. Der Unterschied zwischen der Lehre der Naturphilosophen und der des Plato, fügt Thomas dieser Interpretation hinzu, entsprang aus der verschiedenen Speculationsweise derselben. Jene betrachteten nämlich die Dinge nur nach dem Gesichtspunkte, als sie der

Umgestaltung unterworfen sind, und da ist es ein Substrat, welches nach und nach Entgegengesetztes annimmt. Plato aber drang auf dem Wege der Dialektik zu den Prinzipien der Dinge vor, und da die Verschiedenheit der von einer universellen Ursache umfassten Einzelwesen in der durch Raumdimensionen abgegrenzten Materie (materia designata) beruht, so entnahm er die Einheit der Form, die Verschiedenheit aber der Materie. Und darin besteht das genetische Verhältniss der Platonischen Prinzipien zu dem Sinnfälligen, oder wenn man sich dieses Ausdruckes bedienen will, der Influx der Jdeen bei dem Hervorruf der Dinge. In diesem Verstande fasste nämlich Pythagoras das Wort Umwandlung (Nachahmung) auf [1]).

Was endlich Thomas dazu bewegen konnte, die Ideen als praktische zu erklären, ist der Umstand, dass Plato sie nach dem Berichte des Aristoteles als intelligibele Zahlen hinstellt.

Dem Gesagten zufolge können wir uns nicht wundern, dass der Aquinate jene Stelle der Analytiken, in welcher Aristoteles die Ideen ironisch behandelt, in einem für Plato

---

[1]) Th. Aq. in Met. I. 1., 10 t. c. 9. Vgl. in Phys. I. l. 8. t. c. 55.) „Et tales sunt mutationes (μιμήματα) illorum principiorum, quae posuit Plato i. e. participationes vel ut ita dicam influentias in causata. Sic enim nomen immutationis Pythagoras accepit." Ar. 987 b 29; 988 a 1—7. Τὸ μὲν οὖν τὸ ἓν καὶ τοὺς ἀριθμοὺς παρὰ τὰ πράγματα ποιῆσαι..... τὸ δὲ δυάδα ποιῆσαι τὴν ἑτέραν φύσιν διὰ τὸ τοὺς ἀριθμοὺς ἔξω τῶν πρώτων εὐφυῶς ἐξαυτῆς γεννᾶσθαι, ὥσπερ ἔκ τινος ἐκμαγείου. καίτοι συμβαίνει γ' ἐναντίως· οὐ γὰρ εὔλογον οὕτως. οἱ μὲν γὰρ ἐκ τῆς ὕλης πολλὰ ποιοῦσιν, τὸ δ' εἶδος ἅπαξ γεννᾷ μόνον, φαίνεται δ' ἐκ μιᾶς ὕλης μία τράπεζα, ὁ δὲ τὸ εἶδος ἐπιφέρων εἰς ὢν πολλὰς ποιεῖ ὁμοίως δ' ἔχει καὶ τὸ ἄρρεν πρὸς τὸ θῆλυ· τὸ μὲν γὰρ θῆλυ ὑπὸ μιᾶς πληροῦται ὀχείας, τὸ δ' ἄρρεν πολλὰ πληροῖ· καίτοι ταῦτα μιμήματα τῶν ἀρχῶν ἐκείνων ἐστίν. — Vgl. Averrois in Met. I. t. c. 9. f. 10. „Dixit (Ar.) Et species diversantur etc. ita cecidit abscissum de libro Graeco, et est una significationum, quam dicebant dicentes formas esse facientes individua, quia natura rerum assimilatur naturae masculi, qui facit multitudinem. Et quia ista significatio etiam fuit una multarum, quae ceciderunt a libro, dicit igitur: ista sunt exempla et similia principiorum i. e. istae consimilitudines sunt, quas invenerunt inter species et vera principia, ex quibus existimaverunt, quod species sunt principia. Plato vero definivit species quod sunt principia secundum formam et sec. agens." (S. S. 46 Anm. 1 am Ende.)

günstigen Sinne auslegt. Nachdem nämlich der Stagirite gezeigt, dass die substanziellen Prädikate eines Dinges, von einem Subjecte ausgesagt, das bezeichnen, was dieses wirklich ist, erwähnt er der Ideen Plato's und erklärt sie für die beweisbaren Wissenschaften werthlos, weil sie nicht wie das Allgemeine in den Einzeldingen enthalten sind, und deshalb von ihnen auch kein Schluss auf das Einzelne gezogen werden kann. Den Ideen, sagt er, möge es wohl ergehen, es sind nur leere Laute, und beständen die Ideen wirklich, so wären sie doch nichts für die Begründungen, und um diese handelt es sich doch bei den Beweisen. Species gaudeant, monstra enim sunt. Et si sint, nihil ad rationem sunt, demonstrationes (al. praemonstrationes) enim de hujusmodi sunt. Thomas erklärt nun diese Worte folgendermassen: Aristoteles erwäge, die Anhänger Plato's könnten entgegnen, die substantiellen Prädikate seien nicht wahrhaft und wesenhaft das, wovon sie ausgesagt würden, auch drückten sie nicht die zufälligen, den Individuen als ihren Trägern anhaftenden Bestimmungen aus, sondern sie bezeichneten gewisse Wesenheiten, die immerdar an und für sich existirten. Aber er begegne diesem Einwande. Wenn es dergleichen Prädikate oder Ideen gebe, so möchten sie sich ihres Lebens freuen, und er wünsche ihnen Glück dazu, dass sie in dem Weltall einen höheren Rang als die sinnfälligen Dinge behaupteten, dass ihnen nicht, wie diesen, eine partikuläre und materielle, sondern eine universelle und immaterielle Natur zum Loose geworden. Er nenne sie monstra, weil sie gewisse praemonstrationes (s. S. 26 Anmk. 2, S. 56 Anmk. 3) oder Musterbilder der körperlichen Dinge seien, an welchen als dem Früheren etwas aufgezeigt werden könne, um daraus auf die Wahrheit des von ihm Abgeleiteten zu schliessen. Denn eben desswegen, weil sie als die prämonstrationes des Sinnfälligen vorlägen, müssten in diesem Bestimmungen angetroffen werden, welche die Theilnahme an ihnen seien und die zu der Wesenheit des Sinnfälligen selbst gehörten. Dergleichen Ideen, falls sie beständen, hätten mit der Prädikation, von welcher in den Analytiken die Rede sei, nichts zu schaffen. Aristoteles spreche nämlich nur von solchen Dingen, aus welchen wir Menschen eine Wissenschaft durch

Demonstration ableiten könnten und das seien nur die uns bekannten mit der Materie behafteten Dinge [1]).

Hat Thomas uns nun darüber verständigt, dass die abstracten Ideen, von welchen Aristoteles redet, nicht nur keine Geltung als Prädikate besitzen, sondern die Bedeutung praktischer Ideen beanspruchen, so fragen wir billig, auf welche Weise er dann dem speculativen Elemente der Ideen zu seinem Rechte verhilft. Die Antwort liegt auf der Hand. In Folge seiner dialektischen Methode nannte Plato die Ideen das Object unserer Definitionen und begrifflichen Bestimmungen, aber unter diesem Ausdrucke bekannte er sich zu der Wahrheit, dass unsere Seele den Ideen als den bewirkenden Prinzipien ihrer Erkenntniss inhärire [2]). So kann es dem Aquinaten nicht schwer fallen, auch in dieser Beziehung Plato und Aristoteles in Harmonie zu bringen. Der Philosoph, sagt er, drang zwar auf einem anderen Wege vor, als sein Lehrer. Zuerst zeigte er, dass in den körperlichen Dingen etwas Unbewegliches und Festes vorliegt, sodann, dass unsere Sinne

---

[1]) Th. Aq. in Poster. Analyt. I. l. 31. (Arist. 83 a. 33.) Vgl. Avicen. Met. tr. 5. c. 1. „Si esset hoc animal separatum per se quemadmodum putaverunt illi (Plat.), tunc non esset hoc animal, quod inquirimus. Nos enim inquirimus animal, quod praedicetur de multis, quorum unum quodque sit ipsum. Separatum vero non praedicabitur de his, quoniam nullum eorum est ipsum . . . Animal acceptum cum suis accidentibus est res naturalis, acceptum vero per se est natura, de qua dicitur, quod esse ejus prius est, quam esse naturale, sicut simplex prius est composito, et hoc est, cujus esse proprie dicitur divinum esse, quoniam causa sui esse ex hoc, quod est animal, est dei intentione."

[2]) Th. Aq. 9. un. de sp. creat. a. 10. ad 8. Hier wird nach dem S. 4 ff. wiedergegebenen Berichte über die Genesis der platonischen Ideenlehre fortgefahren: „Plato posuit ex una parte species rerum separatas a sensibilibus et immobiles, de quibus dixit esse scientias, ex alia parte posuit in homine virtutem cognoscitivam supra sensum, sc. mentem, vel intellectum illustratum a quodam superiori sole intelligibili." Dann folgt die Lehre des Augustinus s. S. 102 Anm. 2, und unmittelbar nachher heisst es: „Sic enim Plato posuit scientias de speciebus separatis esse, non quod ipsae viderentur, sed secundum quod eas, mens nostra participat, de rebus scientiam habet." S. Th. Aq. de sub. sep. c. 1. „Plato posuit naturas quasdam separatas, quibus inhaerendo anima nostra veritatem cognosceret."

bezüglich ihrer eigenthümlichen Objecte sich nicht täuschen, und weiterhin, dass wir über die Sinne hinaus eine intellective Kraft besitzen, welche nicht etwa nach Einflüssen einer gesondert existirenden Idealwelt, sondern nach dem Lichte des thätigen Verstandes, welches die Dinge actuell erkennbar macht, über die Wahrheit urtheilen. Es ist aber kein grosser Unterschied, ob wir nun mit Augustinus sagen, unser Intellect nehme in der Erkenntniss an den göttlichen Ideen theil, oder mit Aristoteles, er participire an dem das Intelligibele bewirkenden Lichte [1]).

Dem Vorgetragenen zufolge können wir jetzt unser Urtheil dahin abgeben, dass Thomas sich im Stande fühlte, seine Auffassung der Platonischen Ideenlehre mit der Autorität des Stagiriten zu decken. Weit entfernt, dass er die Gestalt, in welcher das System Plato's bei Augustinus, von der, in welcher es bei Aristoteles erscheint, nicht gehörig sonderte, strebt er vielmehr danach, mit jenem in Vernehmen zu bleiben, ohne genöthigt zu sein, mit diesem zu brechen. Jedoch ist zu beachten, dass er oftmals, namentlich dort, wo er die Platonische Lehre mit der Lehre von den göttlichen Ideen vergleicht, sie in der ihr eigenthümlichen technischen Form zur Darstellung bringt [2]).

Nur eine Frage harrt noch der Erledigung: wie kommt Thomas zu der Behauptung, Aristoteles rüge an Plato, dass er die Ideen von dem Verstand Gottes habe getrennt existiren lassen? Um sie zu beantworten, bemerken wir, dass nach der Erklärung des Aquinaten der Philosoph bei der Entwicklung seines Gottesbegriffes auf die Vollendung der Doctrin seines Vorgängers und auf Hinwegräumung aller ihrer Gebrechen hinarbeitet. Plato hatte die mathematische, auf die Gattung der Grössen beschränkte Einheit von der jedem Dinge auf Grund seines Seins zukommenden Einheit nicht unterschieden und den von den Dingen abgezogenen leeren Begriff der Einheit (dem Wortlaute nach) ihnen vorangestellt und als das höchste Prinzip

---

[1]) Th. Aq. Q. de spir. creat. a. 10. ad 8. — Vgl. Brentano, Psychologie des Arist. S. 180 ff.
[2]) S. S. 90 Anmk. 1.

erklärt. Aristoteles bezeichnet nun zwar auch den ersten Beweger als eine numerische Einheit[1]), aber damit es nicht den Anschein gewinne, als falle er dem Irrthum Plato's anheim, schliesst er jegliche Zusammensetzung, auch die metaphysische, von ihm aus und nennt ihn schlechthin ein einfaches Wesen[2]). Wenn er weiter dem ersten Beweger Leben und Intelligenz beilegt und ausdrücklich hervorhebt, er sei das Leben und die Intelligenz selbst[3]), so thut er dies, um die Meinung Platos zu verwerfen, der das Sein, das Leben und das Erkennen der vernünftigen Seele an drei verschiedene Idealwesen als die Ursachen dieser Vollkommenheiten vertheilte. Denn da das Lebendigsein und das Intellectuellsein in der Seele nicht verschiedene Naturen sind, sondern wesentliche Bestandtheile derselben bilden und in ihr zu einer einfachen Wesenheit zusammentreten, so müssen ihr diese Bestimmungen auch von der nämlichen Ursache zuertheilt sein, welcher sie ihr Sein und ihre Einheit verdankt[4]). Ist es nun richtig, dass Aristoteles fernerhin die Ideen der Naturdinge in den Verstand Gottes aufnimmt, so deckt er dadurch gleichfalls an der Platonischen Lehre eine Blösse auf.

In einem Ergebniss ihrer Forschungen, sagt Thomas schliesslich, stimmen aber beide Philosophen überein: sie preisen Gott als das wesenhaft Gute. Aristoteles macht nämlich nur insofern die Idee des Guten verächtlich, als sie den abstracten Gedanken ausdrückt, der alles particuläre Gute zur Einheit zusammenfasst, aber insofern sein Freund und Lehrer

---

[1]) Th. Aq. in Met. XII. 1. 10. t. c. 49. (Ar. 1074a 23).

[2]) Th. Aq. in Met. XII. 1. 7. t. c. 37. (Ar. 1072a 32 ff.) „Ne videatur incidere in opinionem Platonis, qui posuit primum principium rerum ipsum unum intelligibile, ostendit (Ar.) differentiam inter unum et simplex et dicit quod unum et simplex non idem significant, sed unum significat mensuram, simplex autem dispositionem secundum quam aliquid aliqualiter se habet, quia videlicet non est ex pluribus constitutum." Vgl. Averr. in Met. XII. t. c. 37. f. 320.

[3]) Th. Aq. in Met. l. c. l. 8. t. c. 39. (Ar. XII. 1072b 20.)

[4]) Th. Aq. in l. de causis. l. 3. „Unde et Aristoteles in duodecimo Met. signanter attribuit Deo et intelligentiam et vivere, dicens quod ipse est vita et intelligentia, ut excludat praedictas Platonicas propositiones." S. l. 12 und l. 18.

in ihr das Absolute erkannte, von dem alles Seiende und Gute bedingt ist, ehrt und achtet er sie. Denn er spricht am Schlusse seiner metaphysischen Untersuchungen selbst von einem höchsten Guten, auf welches das Weltall wie das Heer auf den Feldherrn hinschaut [1]).

---

[1]) Th. Aq. in Eth. Arist. I. 1. 6. — Arist. Met. XII. c. 10. 1075 a. — Th. Aq. S. th. p. I. q. 6. a. 4. „Plato posuit omnium rerum species separatas et quod ab eis individua denominantur, quasi species separatas participando, utputa quod Socrates dicitur homo secundum ideam hominis separatam. Et sicut ponebat ideam hominis et equi separatam, quam vocabat per se hominem et per se equum, ita ponebat ideam entis et ideam unius separatam, quam dicebat per se ens et per se unum, et ejus participatione unumquodque dici ens vel unum. Hoc autem quod est per se ens et per se unum, ponebat esse summum bonum. Et quia bonum convertitur cum ente, sicut et unum, ipsum per se bonum dicebat esse Deum, a quo omnia dicuntur bona per modum participationis. Et quamvis haec opinio irrationabilis videatur quantum ad hoc, quod ponebat species rerum naturalium separatas per se subsistentes, ut Aristoteles multipliciter improbat, tamen hoc absolute verum est, quod aliquid est primum, quod per suam essentiam est ens et bonum, quod dicimus Deum. ... Huic etiam sententiae concordat Aristoteles. A primo igitur per suam essentiam ente et bono, unumquodque potest dici bonum et ens, inquantum participat ipsum per modum cujusdam assimilationis, licet remote et deficienter. ... Sic ergo unumquodque dicitur bonum bonitate divina sicut primo principio exemplari, effectiva et finali totius bonitatis. Nihilominus tamen unumquodque dicitur bonum similitudine divinae bonitatis sibi inhaerente, quae est formaliter sua bonitas denominans ipsum. Et sic est bonitas una omnium et etiam multae bonitates."

Schluss.

Wenn wir das Resultat unserer Untersuchung zusammenfassen, so giebt Thomas von der Ideenlehre Platos, von ihrem Wesen, ihrer Bedeutsamkeit und Geltung nur insofern sich Rechenschaft, als sie seiner philosophischen Ansicht entweder entsprechend oder entgegengesetzt ist[1]). Was er uns über sie hinterlassen, kann man in zwei Theile sondern, der erste ist der Aristotelische, tadelnde, die Mängel aufdeckende und das Verfahren missbilligende Theil, den zweiten würden wir den Augustinischen, den zustimmenden nennen können. Nicht leicht allerdings stehen sich zwei Meinungen so diametral gegenüber, als hier die des Aristoteles und die des Augustinus, denn ist jener nicht zu bewegen, den Ideen Realität beizulegen, so ist dieser nicht dahin zu bringen, ein Gebrechen an ihnen zu entdecken. Indessen versteht es Thomas auf Grund der Autorität des Simplicius und einiger — ob nun richtig oder unrichtig interpretirten — Aussprüche des Aristoteles, beide in Einklang zu setzen. Achtet man auf das, was Plato wirklich sagt, so ist seine Lehre zu verwerfen, fasst man aber in's Auge, was er in seiner leicht zum Irrthum führenden Redeweise zu sagen beabsichtigt, so ist ihr die principielle Anerkennung nicht zu versagen[2]).

---

[1]) Th. Aq. in 1. de coel. I. l. 22. „Quicquid horum (intellectus sententiae Platonis) sit, non est nobis multum curandum, quia studium philosophiae non est ad hoc, quod sciatur, quid homines senserint, sed qualiter se habeat veritas rerum."

[2]) Vgl. Th. Aq. in 1. de coelo. I. l. 29. „Quantum pertinet ad expositionem hujus libri, non refert, utrum sic vel aliter Plato senserit, dummodo videatur, qualiter positio ejus improbetur per rationes Aristotelis".

www.ingramcontent.com/pod-product-compliance
Lightning Source LLC
Chambersburg PA
CBHW031324160426
43196CB00007B/651